Salmos para a vida

Dados Internacionais de Catalogação na Publicação (CIP)
(Câmara Brasileira do Livro, SP, Brasil)

Larrañaga, Inácio, 1928-
  Salmos para a vida / Inácio Larrañaga ; tradução de José Carlos Corrêa Pedroso. 22. ed. – Petrópolis, RJ: Vozes, 2014.

  8ª reimpressão, 2024.

  Título original: Salmos para la vida
  1. Bíblia. A.T. Salmos – Comentários I. Título.

07-10673   CDD-223-207

Índices para catálogo sistemático:
  1. Salmos : Comentários : Antigo Testamento
     223.207

Inácio Larrañaga

Salmos para a vida

Tradução de
José Carlos Corrêa Pedroso

EDITORA
VOZES

Petrópolis

© by Inácio Larrañaga
Tradução do original em castelhano intitulado
Salmos para la vida

Direitos de publicação em língua portuguesa – Brasil:
1986, Editora Vozes Ltda.
Rua Frei Luís, 100
25689-900 Petrópolis, RJ
www.vozes.com.br
Brasil

Todos os direitos reservados. Nenhuma parte desta obra poderá ser reproduzida ou transmitida por qualquer forma e/ou quaisquer meios (eletrônico ou mecânico, incluindo fotocópia e gravação) ou arquivada em qualquer sistema ou banco de dados sem permissão escrita da editora.

CONSELHO EDITORIAL

Diretor
Volney J. Berkenbrock

Editores
Aline dos Santos Carneiro
Edrian Josué Pasini
Marilac Loraine Oleniki
Welder Lancieri Marchini

Conselheiros
Elói Dionísio Piva
Francisco Morás
Gilberto Gonçalves Garcia
Ludovico Garmus
Teobaldo Heidemann

Secretário executivo
Leonardo A.R.T. dos Santos

PRODUÇÃO EDITORIAL

Aline L.R. de Barros
Marcelo Telles
Mirela de Oliveira
Otaviano M. Cunha
Rafael de Oliveira
Samuel Rezende
Vanessa Luz
Verônica M. Guedes

Conselho de projetos editoriais
Isabelle Theodora R.S. Martins
Luísa Ramos M. Lorenzi
Natália França
Priscilla A.F. Alves

Diagramação: AG.SR Desenv. Gráfico
Capa: Editora Vozes

ISBN 978-85-326-0424-8

Este livro foi composto e impresso pela Editora Vozes Ltda.

Sumário

I. Os salmos e a vida, 9
   O homem fala com Deus, 11
   Um encontro de vida, 14
   A rotina e seus possíveis remédios, 18
      a) Estudo e seleção pessoal, 21
      b) Vivificar, 22
   Os anátemas, 24
   Solidariedade, 25

II. Da desolação à consolação, 27
   A pedagogia divina, 27
   Fechamento e libertação (Sl 31[30]), 33

III. Em espírito e verdade Sl 63(62), 41
   Para dentro, 41
   Sede de Deus, 46
   O verdadeiro santuário, 48
   Vida, banquete e festa, 51

IV. A liberdade gloriosa Sl 27(26), 57
   Solidão, medo, angústia, 59
   Filhos da onipotência, 63
   Busco teu rosto, Senhor, 66

V. O templo da criação, 69
   Deus é, 69

Volta à natureza, 70
Admiração e êxodo, 71
Pobreza e adoração, 73
Ingenuidade e ternura, 75
"Que é o homem!", 77

VI. Viagem ao interior, 82
Salmo 139(138), 82
Salmo de contemplação, 83
Nossas fontes estão em Ti, 84
A sós, 85
Passo a passo, 86
Os ciúmes, 88
Estás comigo, 90

VII. As misericórdias do Senhor, 95
Salmo 51(50), 95
Complexos de culpa, 96
Linhas teológicas, 100
Humildade-confiança, 102
Autocrítica, libertação e testemunho, 105

VIII. Uma gesta de libertação Sl 118(117), 108
O mistério da libertação, 109
Uma pedagogia acertada, 112
As portas do triunfo, 114

IX. Um coração sensato Sl 90(89) e 39(38), 116
Filhos da eternidade, 119
Pura sombra, 121

Sabedoria de coração, 124
  Misericórdia, 128

X. Ternura divina Sl 103(102), 130
  Consolação no desterro, 130
  Como a mãe, 133
  Misericórdia, 136

XI. Quando as forças declinam, 142
  Na ancianidade (Sl 71[70]), 144
  Agora no ocaso, 145
  No exílio (Sl 42[41]), 148
  Montanhas e cascatas, 149
  Na perseguição e na calúnia (Sl 55[54]; 57[56] e 69[68]), 150

Salmos comentados neste livro, 156

I
Os salmos e a vida

Uma das tarefas mais urgentes das Comunidades Religiosas, no meu modo de ver, poderia expressar-se nesta pergunta: Que é que estamos fazendo para que a *Liturgia das Horas* possa ser, para os irmãos e irmãs, o *alimento diário e normal* que sustente, pelo menos em nível decoroso, o entusiasmo pela vida consagrada? Essa é a pergunta, a tarefa, o desafio.

Acontece que compromissos sem conta estão ocupando totalmente os irmãos e irmãs. Aparecem os pobres com a sua penúria e os seus dramas. Que fazer numa sociedade cujos valores cristãos estão desaparecendo cada dia? As comunidades religiosas vivem tão esmagadas por urgências e necessidades inadiáveis que, se seus membros não se organizarem pessoal e comunitariamente, para reservar *tempos fortes* de oração – o que exige entusiasmo e muita decisão – a atividade orante de muitas comunidades vai acabar reduzida à recitação da *Liturgia das Horas*, e, quando muito, à celebração eucarística. Fique claro: o Ofício Divino já é, *de fato*, a principal atividade orante de muitas comunidades.

Por outro lado, em qualquer dinâmica vital acontece o seguinte: as energias espirituais, na medida em que deixam de ser cultivadas, começam uma involução perigosa em uma verdadeira espiral de morte para a inibição e a atrofia. Quando se deixa de orar, a fé enlanguesce, congela-se a relação vital com o Senhor – aquela auréola que o povo enxerga nos *enviados* – e a própria existência, enquanto projeto elementar de vida, acaba perdendo o sentido e a alegria. Por isso, o problema que nos preocupa é um assunto vital.

Impõe-se – reiteramos – esta pergunta: Que fazer para que a *Liturgia das Horas* seja verdadeiramente, se não um banquete espiritual, pelo menos a mesa familiar em que os irmãos e irmãs encontrem o alimento para restaurar energias, nutrir-se para o combate do espírito ou, pelo menos, para não resvalar pela ladeira de decadência?

Pois bem, não podemos esquecer que a viga mestra, a coluna vertebral da *Liturgia das Horas* são os *salmos*. Vivificando os salmos, estamos vivificando a *Liturgia das Horas*. Tudo que se fizer, qualquer iniciativa nesse sentido, será um impulso enriquecedor para a vida da Igreja.

É urgente empreender o itinerário que leva ao interior dos salmos, navegar em seus mares, sondar a riqueza de seus abismos, encher os olhos de luz, contagiar-se de vida, e depois voltar à superfície com as mãos cheias de toda sua riqueza e novidade.

De tal maneira que, durante a recitação diária, as palavras ressoem sempre como novas, e nunca se esgote sua riqueza, ainda que as palavras sejam repetidas milhares de vezes. Dessa maneira, o Ofício Divino será sempre uma atividade vivificante para manter no alto o sentido de uma consagração, o estímulo apostólico e a vontade de viver.

* * *

Há tantos escritos sobre os salmos, e tão excelentes, que a gente tem a impressão de que seu estudo já tocou o fundo e de que o tema já está esgotado.

É só o pensamento de que cada pessoa contempla o mundo e a vida a partir de uma perspectiva única que me dá coragem de dizer, eu também, alguma coisa, colocando mais um grãozinho de areia nessa praia.

Por outro lado, não quero nem poderia fazer um estudo sistemático dos salmos (já existem trabalhos admiráveis), mas apenas apresentar algumas simples considerações, com aplicações à vida, para estimular algumas pessoas a orar com os salmos, ajudando-as a encontrar neles espírito e vida. Desejaria também, com essas meditações, contribuir um pouco para vivificar a *Liturgia das Horas* de algumas Comunidades.

O homem fala com Deus

Dizem que a Bíblia, sem os salmos, seria apenas um livro *sobre* Deus. À primeira vista, essa afirmação parece verdadeira. Mas não é.

Se a oração é diálogo, um diálogo não necessariamente de palavras, mas de interioridades, a Bíblia inteira, desde suas primeiras páginas, é um diálogo com Deus, não isento de queixas e discussões.

No amanhecer da humanidade, o homem aparece na história como um ser profundamente aberto para Deus. De fato, ao cair da tarde, na hora da brisa, Deus passeava pelo jardim (Gn 2,8), conversando com Adão, como dois amigos.

* * *

O Gênesis faz uma anotação gráfica de grande densidade humana:

"Noé andava com Deus" (Gn 6,9). Nesse capítulo 6 palpita uma relação entre Deus e Noé grávida de alguma coisa parecida com ternura, em que Deus lhe comunica confidencialmente seus planos, iniciando um diálogo com um "resolvi" com sabor de *segredo de estado*, declarando que tem um plano de predileção para ele (Noé), porque vai "acabar toda carne", mas "contigo estabelecerei uma aliança" (Gn 6,18), porque "tu és o único justo que encontrei nesta geração" (Gn 7,1).

Uma imensa corrente de carinho se estabelece entre Deus e Abraão. Não é exatamente o relacionamento entre dois amigos. É muito mais, algo diferente, parecido com o relacionamento que existe entre um pai que tem planos nobres e transcendentais para seu filho predileto, a quem assiste, abençoa, promete, estimula, prova e leva pela mão até a meta preestabelecida.

A confiança de Abraão é tanta que ele chega a discutir com Deus, quase de igual para igual, exigindo provas e sinais, e chegando a regatear, junto do carvalho de Mambré, em um dos diálogos mais comoventes da Bíblia (Gn 18,22-23).

É difícil imaginar um relacionamento tão singular e único como o que houve entre Moisés e Deus: parecem dois camaradas, ou melhor, dois veteranos de guerra. Porque o que tinham vivido fora uma guerra, e uma guerra de libertação, ou melhor, uma autêntica epopeia em que ambos, Moisés e Deus, lutaram lado a lado em um combate singular: convocaram e organizaram um povo oprimido, arrancaram-no para a pátria dos livres, que é o deserto, e, caminhando na areia nua e ardente, fizeram-no marchar para um sonho remoto e quase impossível de uma pátria soberana.

Nessa longa epopeia estabeleceu-se entre Moisés e Deus um tratamento pessoal tão marcante que suas características assinalaram a vida da Bíblia e da Igreja, perdurando até nossos dias.

Nesse relacionamento vibra um clima de imediatez, às vezes não isento de suspense e de vertigem espiritual. Sempre que Deus quer falar com Moisés, chama-o para o alto de uma montanha (Ex 19,3; 19,20; 24,1), de maneira que há momentos em que as expressões "subir a montanha" e "subir a Deus" são sinônimas (Ex 24,12).

Moisés, portanto, não é apenas um homem religioso – além de ser um grande libertador –, mas também um místico e um contemplador, de modo que podemos afirmar que, nos dias de Moisés, a experiência contemplativa alcançou um de seus picos mais altos. A Bíblia sintetiza essa atitude contemplativa de Moisés dizendo: "Deus falava com Moisés face a face, como um homem fala com seu amigo" (Ex 33,11).

* * *

A tradição, essa tradição de proximidade e trato pessoal entre o homem e Deus, continua com Samuel e Davi, dois *homens de Deus*, apesar das deficiências deste último. Coube aos dois, em diferentes oportunidades, estabelecer e organizar a monarquia, fundar as instituições políticas e religiosas, ordenar e pôr em funcionamento o culto, levantar o templo; sempre seguindo as instruções expressas do Senhor, através de diálogo e discussões.

Em um dos episódios, na época da instauração do reino e da ereção do templo, Davi recebeu mensagens de Javé através do Profeta Natã. Mas, em certo momento, deixando de lado o intermediário, Davi "entrou e se sentou diante de Javé" para conversar diretamente com Ele. Essa é uma expressão altamente significativa, em que se comprova que Davi era capaz de tratar com Deus em *espírito e verdade*, de colocar-se em sua presença para conversar com Ele em um tom tão entranhável e reverente que, até hoje, ficamos comovidos com essa longa oração (2Rs 7,18-19) e por essa mistura de confiança e de reverência.

Esse relacionamento com Deus cresce positiva e decididamente para dentro no tempo dos profetas, que não só se fazem interlocutores privilegiados de Deus, mas também, na força das circunstâncias, são transformados em pedagogos e reformadores da vida de oração do povo.

Denunciam com frequência os ritos vazios, os gestos postiços e as palavras ocas, e empurram o povo para uma religião interior, uma religião de fé, justiça e fidelidade.

Pareceria que os profetas tiveram certa apreensão diante do culto externo. Mas não foi isso; a oposição foi só aparente. O que eles queriam era ressaltar o caráter interior e pessoal da religião, que deve aterrizar na entrega pessoal e nas obras de misericórdia. Partindo dos acontecimentos posteriores, podemos afirmar que os profetas usaram a pedagogia certa, porque conseguiram colocar no coração do povo o alicerce da fé pessoal, que o ajudou a manter-se fiel nas provas terríveis que sobrevieram.

Foi justamente durante e depois do exílio que se colecionaram, revisaram e canonizaram as fórmulas tradicionais de oração. Também foi nessa época, e um pouco mais tarde, que se fez a recopilação do Livro dos Salmos.

Um encontro de vida

Os salmos são, portanto, flor e fruto de um longo romance mantido entre Deus e o homem, um romance cujos primeiros balbucios se perdem na alvorada do Povo de Deus.

Todo encontro é o cruzamento de duas rotas, de dois itinerários ou interioridades. O homem busca Deus, e não pode deixar de buscá-lo. Em sua oficina de artesanato – o homem não deixa de ser uma obra de artesanato –, no coração em que o concebeu e modelou, Deus deixou nas raízes do homem uma marca dele mesmo, o selo de seu dedo, sua própria imagem, que vem a ser como uma poderosa força de gravidade que o arrasta com atração irresistível para sua Fonte Original. (Isso me faz lembrar os salmões, que nascem em um rio e, depois de percorrer milhares de quilômetros por todos os mares do mundo, voltam, não se sabe por que misterioso mecanismo magnético, ao mesmo rio em que nasceram).

Também Deus busca o homem, porque também Deus se sente atraído pelo homem, porque Deus vê sua própria figura refletida nas profundas águas humanas.

Por isso, o cruzamento ou encontro desses dois rios provoca o gozo típico de duas naturezas harmônicas que se encontram, e o choque típico de dois "indivíduos" diferentes.

É um encontro vivo, ou melhor, um encontro de vida, de uma *vida a dois*. De repente, surgem entre os dois desavenças, incompreensões, lamentações, queixas mútuas, reconciliações, como na convivência normal de duas pessoas humanas. Não raro, na Bíblia, Deus acaba se aborrecendo do homem, e também o homem se cansa de Deus, e principalmente se decepciona, se confunde por seus silêncios, tardanças e ausências. O homem é tentado a deixá-lo e ir atrás de outros deuses mais gratificantes.

Mas, apesar de tudo, os dois voltam a se encontrar para continuar juntos e percorrer, um ao lado do outro, o itinerário da vida e da história. Dessa convivência na fé nasce a amizade entre os dois que, no caso dos *homens de Deus*, foi e é insubornável, inquebrantável.

* * *

Cada um dos salmos nasceu em circunstâncias históricas concretas, vividas por salmistas diferentes, em diferentes períodos da história de Israel. Foram recopilados não para evitar que se perdessem, mas para que o povo tivesse um instrumento adequado para relacionar-se com Deus, principalmente nas grandes solenidades do templo, e mais tarde no culto da Sinagoga.

A Bíblia não é apenas um arquivo de recordações históricas de aventuras passadas. As gestas de salvação são recordadas, celebradas nas solenidades do templo, e revividas, reatualizadas na celebração. Dessa maneira, Israel representa (torna atuais) os antigos portentos, para que a fé do povo se confirme e sua fidelidade cresça cada dia.

De repente vemos que o salmista sobe ao templo para chorar suas enfermidades, e o faz com palavras tão vivas e expressivas que, até hoje, nos comovem (cf. os salmos 38 e 39). Tuas setas se cravaram em mim, tuas fúrias me sacudiram, estou completamente abatido, ando encurvado e sombrio o dia inteiro; todo homem é um sopro, nada mais do que uma sombra que passa... E, depois de uma confusa mistura de diatribes, quase maldições, reclamações e atos de contrição, o salmista se entrega com atitude realmente comovedora de submissão e de abandono: "Agora eu me calo; não abro mais a boca, porque foste tu que o fizeste" (Sl 39,10).

Outras vezes o salmista é acusado injustamente. Vai de tribunal em tribunal. Enquanto isso, os acusadores o cercam implacavelmente como uma matilha de lobos. O salmista apela para o tribunal de Deus, diante do qual defende ardentemente a própria inocência; sente-se perdoado e acolhido por Ele, e em condições de louvá-lo e de participar novamente no culto da assembleia (cf. salmos 7 e 26).

* * *

Aparecem também os emigrantes, os desterrados e os judeus da Diáspora. Todos voltam alvoroçados por entre o rumor das caravanas. Um deles faz uma descrição magnífica das peripécias do mar (sem dúvida vem de um país longínquo), da bravura dos navegantes, do movimento das ondas (Sl 107). Todos juntos sobem a Jerusalém, entre cânticos, ansiosos por chegar depressa à Casa do Senhor e oferecer-lhe sacrifícios de ação de graças.

No grande cortejo dos infortúnios, aparecem os angustiados pelo andamento do mundo e de seus governos, pelo contraste dos orgulhosos que nadam na prosperidade e dos humildes que sucumbem diante das injustiças. O salmista piedoso é devorado por um zelo sagrado quando comprova que, junto do austero culto do templo do Senhor, levantam-se outros lugares de culto a Baal, com feiras, músicas e danças.

Com frequência, o salmista sobe ao templo curvado sob o peso da culpa. Mas, em vez de se torturar, remexendo doentiamente nas feridas, simplesmente se reconhece culpado, como o publicano, e apela repetidamente para a misericórdia de Deus, pedindo a graça de um coração puro.

* * *

Mas nem tudo é desgraça na vida. O salmista também sobe com um ramalhete de louvores e de hurras, recordando feitos gloriosos do Senhor em favor de seu povo ou porque recebeu, pessoalmente, a bênção do Senhor no campo da saúde, do prestígio, da prosperidade etc. É um coração cheio de agradecimento que, por causa de alegrias e sucessos felizes, confirma-se na fé e se compromete a uma fidelidade crescente.

Muitas vezes o salmista não busca nada, nem pedir nem agradecer, mas simplesmente *adorar*, e isso também faz parte da vida. Adorar é a *tarefa* essencial de um crente; na adoração não se tem nenhum objetivo, por mais elevado que seja. Adorar é uma tarefa de completa "inutilidade" e, por isso mesmo, é a páscoa suprema, a libertação absoluta, justamente porque se trata de uma atividade absolutamente gratuita, porque é "inútil". Há certos salmos em que a adoração alcança uma altura e uma pureza que tornam difícil imaginar pico espiritual mais elevado.

Resumindo, Israel (e a Igreja) arrasta para a presença de Deus a vida inteira, com suas preocupações, esperanças e desânimos, rebeldias e submissões, imprecações e louvores. O importante é que não haja dicotomia entre a vida e a oração. Nesse sentido, o saltério pode ser uma magnífica encruzilhada em que se encontrem Deus e a vida.

Chegamos ao desejado circuito vital: os salmos carregam consigo a luta geral da vida, com suas feridas e troféus, e é no "templo" da presença divina que o combatente cura as feridas, recebe a consolação divina e a inspiração vital para voltar são e forte para a vida, para a tarefa de libertar os povos de todas as suas opressões.

A rotina e seus possíveis remédios

Que se pode fazer concretamente para que a recitação dos salmos seja uma fonte inesgotável de vida? Que se pode fazer para que essas palavras (dos salmos) não se "gastem" com o uso diário? Que se pode fazer, afinal, para que a *Liturgia das Horas* seja a mesa que alimente e fortaleça a amizade dos consagrados com o Senhor?

O primeiro inimigo que vem ao nosso encontro é a *rotina*. Como é que vamos colocá-la fora de combate? E, antes de tudo, em que consiste a rotina, como nasce e qual é sua natureza?

As coisas que se repetem "gastam-se". E as coisas gastas cansam. Uma preciosa melodia que hoje nos estremece de emoção já não nos agradará tanto depois de escutada quinze vezes. Se a escutarmos cinquenta vezes poderá tornar-se fastidiosa e enjoada. Que aconteceu? O que se repete perde a novidade.

Tudo que é percebido pela primeira vez tem o brilho da novidade. Mas a repetição tira a força do impacto porque, no fim, a novidade não é senão o efeito do impacto. As coisas repetidas já não impactam porque perderam a novidade. Sem novidade, gastam-se e, gastas, perdem *vida*.

Então desaparece a capacidade de assombro, que é a capacidade de perceber cada coisa nova e inclusive de captar cada vez como nova uma mesma situação. Quando morre a capacidade de assombro, entra em jogo a monotonia, que é mãe e filha da rotina que, por sua vez, gera a apatia e a morte. Essa é a espiral de morte em que podemos ser colhidos na recitação diária dos salmos.

* * *

Como sair dessa espiral? Como vencer um inimigo tão imperceptível quanto temível?

A primeira solução que aparece é a *variação;* é o instinto de neutralizar a monotonia pela variedade. Mas vamos ver que é uma solução falaz.

Na linha da variação, já vi esforços extraordinários e realizações magníficas na vida das comunidades. Disseram: vamos dar vida a esse Ofício Divino, porque é questão de vida. E, com uma generosidade admirável, decidiram que cada semana haveria uma nova equipe de liturgia, de maneira que se vivesse um programa semanal diferente, com variedade de motivações, intercalando reflexões aqui, leituras acolá, mudança de posições corporais, diversos cantos, momentos de silêncio, reflexões espontâneas etc. Não deixa de ser um entusiasmo admirável.

Mas o que acontece? Acontece que a variedade carrega consigo o germe da morte. Ou, em outras palavras: a variedade, repetida, deixa de ser variedade. E aquela *Liturgia das Horas*, de tanto variar, acabou virando *monotonia da variedade*. Depois de quatro ou cinco meses, foi dominada também pela rotina.

Uma coisa é variar, outra é vivificar. A variedade vem de fora, a vivificação vem de dentro. Entre parêntesis, não sou contra a variação. Pelo contrário: qualquer esforço que se faça para apresentar programas novos é pelo menos uma ajuda inestimável para quebrar a monotonia. Só quero dizer que a solução profunda e verdadeira para a rotina chega por outro caminho.

* * *

Contra todas as aparências, eu poderia afirmar que a causa radical da rotina não é a repetição. Entre duas pessoas que se querem loucamente, a frase "eu te amo" repetida mil vezes é capaz de ter mais conteúdo e vida. Cinco mil dias vividos junto da pessoa amada talvez tragam cada vez mais emoção. Dizem os biógrafos que São Francisco de Assis repetia durante a noite inteira: "Meu Deus e meu Tudo". É provável que, ao amanhecer, a expressão tivesse para ele mais significado que no começo da noite.

A solução profunda e o segredo verdadeiro estão sempre dentro do homem. Também a *novidade*, solução para a rotina, tem que vir de dentro. Uma paisagem maravilhosa, contemplada por um espectador triste, sempre vai ser uma triste paisagem. Para um melancólico, uma primavera esplêndida é como um lânguido outono.

Afinal, o que importa é a capacidade de admiração. É essa capacidade que reveste de vida as situações reiteradas, que dá um nome novo a cada coisa. Se for a mesma coisa, percebida mil vezes, dá-lhe mil nomes diferentes. É a recriação inesgotável. O problema, portanto, está dentro.

Um salmo rezado por um coração vazio é um salmo vazio, por mais acréscimos e temperos que se ajuntem. Um salmo ressoando em um coração cheio de Deus fica repleto de presença divina e, quanto mais repleto de amizade divina estiver o coração, mais se povoarão de Deus cada uma de suas palavras.

Tocamos o fundo do mistério: um coração vazio, essa é a explicação final da rotina. Para um morto, tudo está morto. Para um coração vazio, todas as palavras dos salmos estão vazias. Pois bem, como vivificar o coração justamente com o auxílio dos salmos? Vou propor alguns meios.

a) Estudo e seleção pessoal

Falando em *estudo* não me refiro necessariamente a uma abordagem intelectual e técnica dos salmos. É claro que seria excelente um aprendizado ordenado e exegético, mas nem sempre é possível. Por isso penso em outra coisa.

Como o indivíduo é um mistério único e irrepetível, sua maneira de se experimentar e de experimentar as coisas também é única e irrepetível. Cinquenta pessoas ouvem a mesma sinfonia e cada uma vive impressões diferentes. Umas ficam extasiadas, outras simplesmente gostam, outras ficam frias. Cinco especialistas em pintura vão a uma pinacoteca, percorrem as galerias e, na hora de avaliar, manifestam uma incrível divergência de gostos e de critérios. Poderíamos multiplicar os exemplos. Essa consideração da *singularidade* pode ser aplicada à universalidade da experiência humana.

Há salmos que não nos dizem nada. Outros nos escandalizam. Em um mesmo salmo encontramos fragmentos inspiradíssimos e outros em que se lançam anátemas e desejam vinganças. Um mesmo salmo "diz muito" a uma pessoa, e a outra "não diz nada". Outro salmo evoca um mundo de ressonâncias em um, e deixa o outro impassível.

Suponhamos que, num dia de retiro ou em qualquer outro *momento forte*, tomamos determinado salmo. Trata-se de vivê-lo, isto é, de fazer repousadamente uma verdadeira oração, usando as palavras do salmo como veículo e apoio. Pode acontecer que alguns versículos, ou o salmo inteiro, despertem profundas ressonâncias na alma. Nesse caso, a gente sublinha essas palavras, ou as anota em um caderno pessoal, colocando na margem uma palavra que sintetize o que o salmo evoca: *adoração, confiança, libertação, louvor*... Pode acontecer, e com frequência, que um mesmo salmo ou uma estrofe um dia não nos "diga" nada e em outro dia nos evoque recordações inesperadas. Uma mesma pessoa pode experimentar uma mesma coisa de maneiras diferentes em momentos diferentes.

Do mesmo modo, em outra oportunidade faz-se um "estudo" com outro salmo. E assim, depois de alguns anos, podemos chegar a ter um *conhecimento pessoal* dos salmos, de maneira que cada um saiba onde encontrar alimento adequado, conforme seus estados de alma e as necessidades espirituais de cada dia.

b) Vivificar

Em um *momento forte* toma-se um salmo, previamente *conhecido* através do estudo pessoal, conforme as necessidades espirituais do momento.

Começa-se lendo devagar. É preciso começar, em primeiro lugar, tratando de entender o significado, alcance e aplicação das palavras lidas. Depois, é preciso dar vez ao coração: trata-se de "dizer" *com toda a alma* as expressões mais evocadoras, *assumindo* vitalmente o que os lábios pronunciam, identificando a atenção com o conteúdo das frases.

Enquanto se repetem mentalmente as palavras mais expressivas, a alma deixa-se contagiar por aquela vivência profunda que os profetas e os salmistas tinham; tratar de experimentar o que eles experimentaram com essas mesmas palavras; deixar-se arrebatar pela presença viva de Deus, deixar-se envolver pelos sentimentos de admiração, contrição, interioridade, adoração e outros de que esses versículos estão impregnados.

Se, em dado momento, e com determinado versículo, chega-se a perceber uma especial *visita* divina, é preciso parar aí mesmo, repetir incansavelmente o versículo, sem se preocupar de ir adiante.

* * *

Com este método, conseguem-se os seguintes resultados:
– Avança-se na oração e se cresce na amizade divina;
– Vivifica-se a Palavra de Deus;
– Vivifica-se a *Liturgia das Horas*.

Não há dúvida de que esses salmos foram saboreados, de que serviram de veículo para chegar e estar com Deus, e de que suas riquezas escondidas foram "descobertas". Eles vão soar de outra maneira no Ofício Divino, converter-se-ão em alimento e vida, e, de maneira geral, a oração litúrgica será mais viva e fecundante.

Os anátemas

Há cristãos que sentem alergia geral pelos salmos. Por quê? Porque uma ou outra vez toparam com obstáculos difíceis de contornar: essas expressões discordantes, imprecações e anátemas.

Nem tudo é adoração nos salmos. A violência mental (para não dizer *ódio*) tinge os caminhos humanos com a cor do sangue. Por isso, muitos cristãos mantêm uma atitude de reserva e de desconfiança, e uma certa desestima para com os salmos. Outros veem-se obrigados a fazer ginásticas mentais e a dar saltos acrobáticos para contornar sentimentos tão agressivos e pouco cristãos.

Frequentemente, para não dizer continuamente, o salmista está imerso em um ambiente hostil, e reage quase sempre guiado por um instinto de vingança. Quer recuperar a saúde para ter oportunidade da revanche. Com expressões apaixonadas, pede a Deus que *aniquile* os inimigos, que sejam entregues à espada, dados de comer às feras, que seus filhos sejam esmagados nas pedras; e se jacta de odiar os adversários "com ódio perfeito" etc. É outro mundo, outra mentalidade.

* * *

Como em todo fenômeno humano, também aqui há uma *explicação*. Os salmos foram escritos na infância da religião, época muito imperfeita, demasiado humana. O sentimento geral que regia as relações humanas era o instinto de vingança, instinto universal gravado a fogo nas entranhas do homem, e assim sintetizado: *olho por olho e dente por dente*. É a justiça primitiva pela qual a pessoa que recebeu um dano fica satisfeita ao inferir igual dano em quem o fez. Essa lei era vigente nos dias dos salmos, e é isso que explica tantas imprecações.

Mas um belo dia, no alto de um monte, essas forças selvagens foram acorrentadas na argola da mansidão e submetidas ao controle da paz. Daí em diante, não só é preciso perdoar o inimigo, mas também amá-lo e pagar o mal com o bem. Foi a maior revolução da história, em que a bússola deu uma volta de 180 graus.

Quanto à prática, temos vários caminhos. Em primeiro lugar, não há problema quanto à *Liturgia das Horas*, porque nela foram eliminados os anátemas, ainda que não de todo. Quanto à piedade pessoal, cada um pode deixar de lado as expressões mais fortes na recitação dos salmos. Também pode ser feita uma transposição simbólica, transferindo esses sentimentos para certos conceitos como o egoísmo, o orgulho, o pecado... que não deixam de ser criaturas vivas, presentes na vida.

Solidariedade

Ninguém é obrigado a usar todos os salmos para nutrir sua piedade pessoal. Mas diferente é a situação dos sacerdotes e religiosos quando rezam a *Liturgia das Horas*, principalmente em coro.

Nesse momento, o horizonte é outro. É a Igreja inteira, a humanidade inteira, o Cristo Total que rezam, sofrem, clamam, choram, imploram. Alargam-se os horizontes para uma solidariedade universal em que se assumem os gemidos dos agonizantes, as rebeldias dos oprimidos, as esperanças dos emigrantes, os sonhos das mães, a incerteza dos doentes, a paixão do mundo.

Não fosse assim, qualquer um de nós poderia protestar dizendo: se não estou no mesmo estado de ânimo que o salmista, por que tenho que rezar com suas palavras? Este salmo é de um doente que suplica a Deus, mas eu não estou doente! Esse outro é de um coração angustiado, e eu não estou angustiado! O salmista se abre em um canto de júbilo, e eu estou deprimido! E assim por diante.

Mas o nosso caso é diferente. Quando assumo e pronuncio as palavras do salmista em nome da Igreja, na *Liturgia das Horas*, não as faço necessariamente minhas. Posso até fazê-lo, paradoxalmente, para sair de mim mesmo: deixo de ser eu em meu estado de ânimo para converter-me na voz de meus irmãos.

Quando assumo as palavras de todos os salmos, meu coração entra em uma comunhão universal. Já não é só a minha voz; é a voz do homem, de todos os homens, de todos os tempos, de todos os espaços, voz que sobe, incessante e polifonicamente, até Deus.

Os salmos nasceram de situações concretas; por isso encerram a paixão do mundo: histórias de sangue e histórias de amor, momentos de pânico, expatriação, perseguição, experiências místicas, horror da morte, situações de medo. Por isso, a linguagem dos salmos é uma linguagem apaixonada, linguagem do coração, como alaridos, pranto, lamento, aleluias que parecem hurras.

Eu assumo toda essa carga humana, qualquer que seja meu estado de ânimo e, por minha boca, a Igreja inteira. Durante a *Liturgia das Horas*, passa em peregrinação por meu coração a grande marcha da humanidade sofredora.

II
Da desolação à consolação

A pedagogia divina

Caminhando pelas trilhas da Bíblia deparamos frequentemente com um fato singular: o ponto de partida de onde se levanta e sobe a Deus o coração do homem é o nível zero.

Quando se tocou o fundo da indigência, não sobra mais vislumbre de esperança humana; quando o homem conhece e reconhece que nada pode, fica sem ter onde agarrar, porque todas as vigas de sustentação estalam e cedem. Então Deus se levanta, no meio do caminho, como a única coluna de segurança.

No Deserto do Sinai, o povo declarou-se em rebelião contra Deus e contra seu servo Moisés. Soltou as rédeas de sua decepção e, entre soluços e saudades, protestava e reclamava a carne e o peixe, as verduras e as cebolas do Egito.

Nesse momento também a barca de Moisés fez água por todos os lados, e também ele rompeu numa longa lamentação contra Deus: "Por que me tratas assim? Por que tenho que carregar sozinho o peso de todo um povo? Por que não me dás um olhar de benevolência, mesmo fugaz? Depositastes nos meus braços este povo, um povo cabeçudo que não fui eu que gerei, e me obrigas a carregá-lo até a terra prometida. Onde é que vou arranjar carne para eles comerem? É muito pesado para mim. Se é para me tratar assim, mata-me, por favor, se encontrei graça diante de teus olhos, para que não precise sofrer por mais tempo esta desventura" (Nm 11,17).

E Deus, compreensivo, veio socorrer a solidão de seu servo com uma assistência especial e dividiu as responsabilidades.

A tentação eterna do homem é a idolatria. Qualquer criatura: êxito, força, poder e juventude, dinheiro, beleza seduzem o homem, e o homem se deixa seduzir, dobra os joelhos, e adora. É difícil, para não dizer impossível, dedicar devoção e tempo a vários deuses ao mesmo tempo. Só quando o caruncho rói as entranhas dos ídolos é que os sonhos fogem e se afastam por caminhos apagados, os muros ruem pedra por pedra e o homem fica nu e desarmado na intempérie, só então fica em condição de adorar. Só então Deus se levanta com consistência, firmeza e perenidade.

Os pobres, só eles, têm as portas abertas para a admiração e a adoração.

* * *

Elias tinha passado à espada os 450 sacerdotes de Baal na torrente Cison. Informada, a rainha Jezabel (a cujo serviço estavam os sacerdotes de Baal) mandou um mensageiro ao profeta para dizer: "O que fizeste com meus sacerdotes, vão fazer contigo; que os deuses me degolem se amanhã, a esta hora, não estiveres no mesmo lugar que eles" (1Rs 19,2).

O grande profeta, apesar de ter sido forjado a fogo lento, na penitência e na contemplação na torrente do Querit, do outro lado do Jordão, teve medo; e, para escapar da espada, levantou-se e fugiu na direção do Monte Horeb.

Quando chegou a Bersebá deixou seu companheiro e se refugiou, sozinho, nas areias ardentes do deserto. Depois de um dia de caminho, o deserto e a desolação apoderaram-se de sua alma, reduzindo-a a cinzas e agonia. Elias soltou os remos e se entregou nos braços da morte. Sentando-se à sombra de um arbusto raquítico, disse: "Chega, meu Senhor! Leva-me, porque não sou melhor que meus antepassados!" (1Rs 19,4). Deitou-se e adormeceu, esperando a morte.

O Senhor, que tinha permitido aos fatos tecerem uma cerca de sarças e espinhos ao redor de Elias, quando viu o profeta já no extremo e quase asfixiado, foi ao seu encontro com uma torta cozida nas pedras quentes e um jarro de água, e o animou: "Levanta-te e come, porque um longo caminho se abre diante de teus olhos" (1Rs 19,7).

É sempre assim. Quando as águas dos redemoinhos chegam ao pescoço do homem e, quase afogado, ele levanta os braços pedindo socorro, o Senhor também estende seus braços, que se transformam em regaço e refúgio para acolher, consolar e animar o náufrago. É nesse momento que a gratidão levanta a voz para cantar e o homem entra no banquete da festa.

* * *

No ano undécimo de Sedecias, Jeremias foi "consagrado profeta das nações", sem ser consultado (Jr 1,5). Sentiu-se esmagado sob o peso de uma responsabilidade totalmente desproporcionada para suas forças e reagiu na hora como uma criança: "Ai, Senhor, eu sou apenas um menino, e só sei balbuciar" (Jr 1,6).

Quando ele reconhece e confessa sua condição de criança e sua impotência, o Senhor se ergue e estabelece o profeta "como praça forte, coluna de ferro, muralha de bronze" (Jr 1,18), dando-lhe voz e autoridade sobre os povos e sobre os reinos "para extirpar e destruir, edificar e plantar" (Jr 1,10).

Não há outro caminho: para participar da onipotência divina é preciso começar experimentando a impotência humana.

* * *

Quando Ezequias estava no esplendor de seus dias, a morte lhe bateu à porta, inesperada. Isaías foi ao palácio real comunicar ao rei: "Chegou a hora, arruma tuas coisas, que vais morrer" (Is 38,1). Dolorosamente surpreso e com a garganta presa pela angústia, o rei se revirou na cama, voltou o rosto para a parede e disse entre soluços e lágrimas: "Senhor, meu Deus, por favor, repassa meus dias e recorda minha história. Caminhei de sol a sol à luz de teu olhar todos os dias de minha vida; a retidão foi meu cajado e a fidelidade minha lâmpada, não te esqueças" (Is 38,3). Que ganhas com minha morte? Os que baixam ao túmulo não abrem a boca, e a morte não sabe cantar. Eu estava vivendo tão feliz e da noite para o dia acabas comigo como quem levanta a tenda de um pastor.

Ezequias chorou longa e amargamente em sua cama. Enternecido, o Senhor ficou com pena do rei piedoso. Fechou a passagem tanto da morte como dos invasores assírios.

Então o rei entoou um inspirado canto de louvor (Is 38,9-20). A partir dessa experiência de agonia e ressurreição, Ezequias foi sempre um coração agradecido e um grande amigo de Deus.

* * *

Mas o caso mais espetacular, no sentido que estamos tratando, deve ser o do próprio povo de Israel. Nos quatro séculos que se seguiram ao pequeno império Davi-Salomão, Israel vegetou na mediocridade e também no altar da infidelidade. Tal situação não teria vislumbres de solução enquanto Israel não provasse um colapso nacional.

Em 587 os situadores de Nabucodonosor conseguiram quebrar a resistência de Jerusalém, solidamente fortificada, depois de dezoito meses de assédio. A cidade foi saqueada e arrasada, o templo incendiado, desapareceu a arca da Aliança. Os conquistadores prenderam todos os habitantes da cidade e de grande parte de Judá e os levaram, como um rebanho, em uma caminhada de mil quilômetros ao sol, cobertos de poeira, humilhação e desastre, até a Babilônia.

Aturdidos e confusos no começo, depois de alguns anos os deportados começaram a abrir os olhos e a tomar consciência de que não tinham nada neste mundo, nem esperanças, de que não passavam de um punhado de derrotados.

Da poeira do abismo começou a surgir e a levantar a cabeça um povo transformado. Por sua unção e compunção, esses três primeiros capítulos do escriba Baruc são comoventes. Lá, na margem dos canais de Babilônia, foram escritos muitos salmos, e *Isaías Segundo* presenteou-nos os quinze capítulos (Is 40–55) que, provavelmente, são os documentos mais sublimes e inspirados da Bíblia. Ali a religião deixou de ser rito e se instalou definitivamente no coração do homem. Rompendo a barreira nacional, abriu-se para a universalidade.

A maior parte das transformações que uma pessoa pode conhecer na vida aconteceu através de um desastre pessoal.

Quando o homem avança precedido pelo prestígio e seguido pelo renome como uma sombra, pisando em terra sua, é difícil impedir que acabe sentindo-se um pequeno deus. É o que dizia Jesus: "um grande proprietário poderia entrar no Reino, mas como é difícil!" (Mt 19,24).

Para *entrar* no Reino o homem tem que começar derrubando aos poucos a própria estátua, tem que renunciar aos próprios delírios e fantasias e tem que arrancar as máscaras, aceitando com naturalidade a própria contingência e precariedade, apresentando-se diante de Deus como uma criança, como um pobre e um indigente.

* * *

O filho menor de uma casa nobre, ávido de aventuras, foi para terras longínquas, deixando uma ferida incurável no coração de seu pai. Meteu-se no torvelinho louco de uma vida libertina e foi perdendo um a um todos os denários, até que se viu com os bolsos vazios. Por coincidência, uma epidemia assolou os campos da região e a fome visitou seus habitantes.

A situação do rapaz chegou a tal extremo que até lhe proibiram pôr na boca as bolotas de carvalho destinadas aos porcos (Lc 15,16).

Nesse momento, quando caíram em cima dele como feras a fome, a pobreza, a culpa e as saudades, daí, do fundo do poço, o moço se levantou para voltar aos braços do pai. Para poder decidir-se a voltar para casa precisou chegar ao fim da linha. Essa é a pedagogia divina.

A alguns que pensavam que eram justos Jesus contou que o publicano, lá no cantinho mais escuro do templo, nem se atrevia a levantar os olhos, limitando-se a bater no peito, rude e monotonamente, dizendo. "Ó Deus! Tem compaixão de mim, que sou pecador" (Lc 18,13). Com uma satisfação que parecia não conseguir disfarçar, Jesus concluiu: "Garanto que este contou com a simpatia de Deus".

Os desvalidos, os que nada são e nada esperam de si mesmos, os que não se acham entendidos, os excluídos da Sinagoga... esses são os que têm acesso ao Pai das misericórdias e se sentam à sua mesa. De fato, a festa e o Reino são dos pobres. Eles saboreiam, com toda a naturalidade, a gratuidade do amor: como não têm nada e não se acham merecedores de nada, tudo que recebem tem cor e sabor de gratuidade.

* * *

Ao provar o contraste entre a indigência humana, de um lado, e o amor gratuito e as riquezas do Pai, de outro, brota, impetuoso e festivo, no coração do pobre, esse sentimento, mistura de fé e segurança, que chamamos de *confiança*. O pobre, em vez de se deixar deprimir pelo próprio nada, com sua sequela de complexos e amarguras, sente por ele uma secreta alegria, porque compreende que esse seu *nada* invoca, convoca e reclama, de certo modo, até "merece" as riquezas da misericórdia do Pai.

Daí esse grito de confiança que até parece um grito de onipotência: "O Senhor é minha luz e minha salvação, a quem temerei?" (Sl 27). Percebemos que houve um salto acrobático do nada para o tudo, impulsionado por um coração cheio de exultação e de desafio. Parece um prelúdio das bem-aventuranças: os últimos e os carentes de tudo, e, justamente por causa dessa carência, receberão, por lei de compensação e de graça, a plenitude da sorte.

Fechamento e libertação (Sl 31[30])

Para as pessoas que têm dificuldade para relaxar-se, o conselho é levar a tensão muscular ao máximo e, depois, soltar de repente.

É o mesmo processo que se usa no método psicanalítico: torna-se dolorosamente consciente o que é dolorosamente inconsciente, na área do medo, do desespero etc. E quando se chegou justamente ao ponto mais doloroso, aí começa a curva descendente da libertação.

O mesmo acontece no Salmo 31. Nele percebemos um grande movimento na alma do salmista, com diversas temperaturas e níveis. O salmista começa com um certo grau de ansiedade (v. 2-5), mas logo passa à confiança-segurança (v. 6-9). Volta a um desespero muito mais profundo, à beira do extremo (v. 10-14) e, a partir desse pináculo, salta numa transição brusca para a paz mais profunda e definitiva (v. 15-24), de maneira que nem parece a mesma pessoa nas diversas situações, como se tivesse havido um desdobramento de personalidade.

* * *

Nos cinco primeiros versículos vemos o salmista bastante tenso, inseguro, apreensivo. A razão desse estado de ânimo é esta: o salmista está fechado em si mesmo. É verdade que dirige a Deus uns olhares furtivos, fugazes, mas o centro de sua atenção, e até de obsessão, é ele mesmo e sua situação.

Por isso, sentimos que nesses versículos a tensão e a insegurança vão crescendo sem cessar: que eu não fique defraudado, salva-me, vem depressa me libertar; por amor de teu nome, dirige-me, guia-me, tira-me da rede que me estenderam (v. 2-5).

É o homem literalmente preso em suas próprias redes. *En-si-mesmado.* E esse ensimesmamento é uma cadeia, uma prisão. O salmista é prisioneiro de si mesmo, e num calabouço só há sombras e fantasmas. Por isso sentimos o salmista assustado.

Uma fantasia fechada e assustada vê sombras por todo lado, acha que são reais coisas que não existem, dá dimensões desmesuradas aos fatos reais; tudo fica engrandecido pelo medo. Tudo isso é muito mais notório nos versículos 10-14.

Essa é a situação das pessoas que têm tendências subjetivas, como obsessões, complexos de inferioridade, manias de perseguição, inclinações pessimistas... Tais pessoas, que não são poucas, agonizam e não vivem. Vivem no meio de suposições, pressuposições, interpretações, obsessões, todas elas "filhas" do en-si-mesmamento: fulano não me escreve, que será que lhe disseram de mim? Tal amiga não olhou para mim, por que será? Aqui ninguém gosta de mim, estão pensando mal de mim etc. Como as pessoas sofrem, e tão sem motivo! A explicação de fundo, repetimos, é que essas pessoas estão fechadas em si mesmas como em uma prisão.

Quando o homem se encontra consigo mesmo, em *si mesmo*, sente-se tão inseguro, tão precário e tão infeliz que é difícil evitar o assalto do medo, que, por sua vez, gera os fantasmas.

* * *

No versículo 6, o salmista desperta, que libertação! Toma consciência de seu fechamento, e *sai*, outra libertação! Toda libertação é sempre uma saída. O salmista se solta de si mesmo – estava preso em si – e pula para outra órbita, para um Tu. "Em tuas mãos encomendo meu espírito" (v. 6). Quando se coloca nesse outro "mundo", nesse outro "espaço", os muros do cárcere caem como por magia, abrem-se os horizontes e desaparecem as sombras. Amanheceu a liberdade.

"Tu, ó Deus leal, me livrarás" (v. 6). Livrarás de quê? Dos inimigos. Que inimigos? Os que eram fundamentalmente "filhos" do medo. Mesmo que tivessem sido objetivos, o mal do inimigo é o medo do inimigo, ou melhor, é o medo que constitui e declara inimigas as coisas adversas. Mas, quando o homem se situa no "espaço" divino, quando experimenta Deus como rocha e força, o medo desaparece e, como consequência, desaparecem os inimigos. Esse é o itinerário da liberdade.

"Eu confio no Senhor" (v. 7). Confiar, preciosa palavra! Em todo ato de confiança há um sair de si mesmo, um soltar tensões e um entregar ao outro as chaves da própria casa, como quem passa um cheque em branco. Em um salto mais audaz, a liberdade sobe a um pico muito mais elevado: "tua misericórdia", expressão profunda, sinônimo no Antigo Testamento de *lealdade*, *graça*, *amor* (mais exatamente, presença amorosa), "é meu gozo e minha alegria" (v. 8). Não só os fantasmas foram levados pelo vento e os medos engolidos pela terra, mas o próprio salmista banha-se no oceano da bem-aventurança; paz, alegria, segurança, quase júbilo.

E, para cúmulo da felicidade, diz a seguir: quando as águas já me chegavam ao pescoço e senti que me afogava, tu me olhavas com atenção e solicitude, pairando sobre mim como a águia-mãe. Não permitiste que as sombras me devorassem nem que me alcançassem as mãos de meus inimigos. Ao contrário, puseste meus pés em um caminho aberto, iluminado pela liberdade (v. 8-9).

* * *

Era assim que se sentia o salmista quando, em um descuido súbito, solta-se de Deus e se fecha outra vez em si mesmo. De novo, é claro, voltam as trevas e, com elas, um enxame de espectros. Realmente, é difícil sintetizar em tão poucos versículos (v. 10-14) tão impressionante descrição: os inimigos caçoam, os vizinhos riem, os conhecidos evitam seu caminho (v. 12), fica esquecido como um morto, é posto de lado como um traste velho (v. 13), todos falam contra ele, tudo lhe dá medo, conjuram contra ele, tramam para tirar-lhe a vida (v. 14).

Puros fantasmas e criações subjetivas, fruto da recaída no ensimesmamento. O salmista está vivendo cenas de horror, como um pesadelo noturno: uma pessoa, no primeiro sonho, protagoniza um episódio tão horrível que acorda com taquicardia e com todos os sintomas de ter travado uma batalha de morte. Desperta e, que alívio! foi tudo um sonho! Nestes versículos, o salmista está realmente *adormecido* na masmorra do ensimesmamento, enclausurado, perseguido pelas sombras, girando ao redor de espectros alucinantes. Despertando (v. 15), vai perceber a falácia dessas apreensões.

Quisera ressaltar aqui outra lição da vida. Como se explica essa recaída? O salmista estava acabando de fazer uma magnífica descrição de sua libertação: sentia-se livre, seguro, feliz. E volta de repente à tempestade. Essa é a condição humana.

Há pessoas que são especialmente versáteis e instáveis. Mas não nos estamos referindo expressamente a elas. Os estados de ânimo, mesmo de pessoas normalmente estáveis, são oscilantes, sobem e descem, como as alterações atmosféricas. Agora a pessoa está inquieta; horas mais tarde, despreocupada; ao meio-dia, vacilante; ao anoitecer, decidida... É preciso começar aceitando em paz essa condição oscilante da natureza, sem se assustar nem se alarmar. A estabilidade, o poder total, a liberdade completa vão chegando depois de mil combates e de mil feridas, depois de muitas quedas e recaídas.

* * *

Como dissemos, a nova e deplorável situação do salmista é devida ao novo fechamento no presídio de si mesmo. Precisa salvar-se de si mesmo para poder salvar-se de seus inimigos. E essa libertação será fruto, mais uma vez, de um ato de fé, que é uma saída ou, se se prefere, de um ato de adoração, que é sempre o grande êxodo.

Com efeito, com a conjunção adversativa *mas* o salmista *sai* e, num salto acrobático, lança-se no seio de Deus, como quem diz: todos estão contra mim, "mas eu confio em ti, Senhor. Eu te digo: tu és meu Deus" (v. 15). Incrível! Com esse ato de adoração, e com o consequente esquecimento de si mesmo, caem os muros da opressão, dilatam-se os horizontes, a luz inunda os espaços, nasce outra vez a liberdade, agora para sempre, e volta a brilhar a alegria.

Ao mergulhar no mar de Deus, o salmista participa de sua própria solidez e segurança. Daí para frente, até o versículo final, terá cuidado de não se enrolar em si mesmo, porque já sabe por experiência que aí está a raiz de suas mais íntimas desventuras. Sabe também que, enquanto mantiver a atenção fixa nos olhos do Senhor, os sobressaltos não vão voltar e o medo não tornará a rondar sua morada.

O libertador é Deus, mas a libertação não vai ser feita por mágica. Enquanto o homem se mantiver centralizado em si mesmo, fechado nos muros do egoísmo, será vítima fácil de seus próprios enredos e obsessões, e não haverá libertação possível. O problema consiste sempre em *confiar*, em depositar em suas mãos as inquietudes, e em descarregar as tensões em seu coração.

De fato, o salmista encosta a cabeça no regaço do Pai, coloca em suas mãos as tarefas e os problemas (v. 16), como quem passa um cheque em branco.

A liberdade profunda, essa liberdade feita de alegria e segurança, consiste em que "brilhe teu rosto sobre teu servo" (v. 17), em "caminhar à luz de teu rosto" (Sl 89), em experimentar que Deus é *meu Deus*. Então, as angústias são levadas pelo vento, e os inimigos entregam as armas pelo poder de "sua misericórdia" (v. 17), já que os inimigos se hospedam no coração do homem: são inimigos tanto quanto a gente tem medo deles. E o temor está sentado no coração do homem, mas o Senhor o livra do temor.

* * *

Quando desaparece o temor, "os malvados descem mudos ao abismo" (v. 18). Quem eram esses malvados? Agora se sabe: vento e nada. Em que ficaram suas ameaças e "insolências"? Em um som de flautas. Que aconteceu com os "lábios mentirosos"? Ficaram mudos (v. 19).

À meia-noite, a terra está coberta de trevas. Chega a alvorada e desaparecem as trevas. Onde se esconderam? Em lugar nenhum. Quando o sol saiu, "descobriu-se" que as trevas não eram trevas, eram só vazio e mentira. Quando o sol brilha nos abismos do homem, também se comprova que o medo e seus "filhos" naturais não eram mais do que seres subjetivos, sem fundamento real. O Senhor nos libertou *verdadeiramente* de nossos inimigos.

Os versículos 20-23 descrevem admiravelmente, e mesmo analiticamente, e com uma inspiração de real hierarquia, essa gesta de libertação. Vêm dizer que não faltarão conjurações humanas, flechas envenenadas, línguas viperinas (v. 21). Mas aos "que a ti se acolhem" (v. 20), tu "os escondes no asilo de tua presença" (v. 21). Expressão altamente preciosa, e analiticamente precisa.

Para quem se deixar envolver pela presença divina, essa presença se transformará em refúgio e abrigo (um abrigo antiprojétil); para quem se abriga nele, Deus será uma *presença imunizadora*. Choverão flechas, mas não atingirão o *abrigo* de quem confiou, e sequer roçarão sua pele; está imunizado pela *presença envolvente*. É Deus mesmo quem o envolve e o cobre, tornando-o insensível aos dardos. O Pai não evitará que os miseráveis conspirem e lancem suas flechas, mas também não permitirá que quem "se abriga nele" seja ferido. Por isso, o salmista já não se inquieta, porque está refugiado em Deus como em uma "cidadela impenetrável" (v. 22).

* * *

Nos versículos finais, o salmista avança jubilosamente, de vitória em vitória, até soltar no pico mais alto este enorme grito de esperança: "Sede fortes e valentes, todos os que esperais no Senhor" (v. 25).

Os que pularam fora de suas margens estreitas e abandonaram suas tocas escuras, voando com asas de fé para os "espaços" abertos de Deus confiando nele e entregando as próprias chaves, todos esses vão participar da liberdade, fortaleza e audácia de Deus.

III
Em espírito e verdade
Sl 63(62)

Para dentro

Que vida estranha! Tinha passado os primeiros anos no dourado esplendor dos tronos. Fugitivo no país de Madian, Moisés vivia cuidando do rebanho de seu sogro. Um belo dia saiu de casa pensando fazer uma longa caminhada e, levando o rebanho, entrou bem dentro das terras áridas, até ultrapassar todo o deserto do sul; depois de várias jornadas, chegou ao Horeb, a "montanha de Deus" (Ex 3,1).

Um belo dia, ao amanhecer, observou ao pé da montanha um fenômeno estranho: de dentro de uma moita levantava-se uma chama crepitante e viva, mas a moita não se consumia. Intrigado, disse: Vou olhar que fenômeno raro é esse que meus olhos estão vendo. Com cautela e curiosidade, aproximou-se do arbusto. De repente, escutou uma voz que vinha de dentro da moita: Moisés, não te aproximes. Tira as sandálias, porque o lugar que pisas é sagrado. E "Moisés cobriu o rosto, porque temia ver a Deus" (Ex 3,6).

Começa aqui a marcha do homem para as regiões interiores: é o primeiro episódio, neste sentido, que nos apresenta a Bíblia, a porta de acesso, o umbral do mistério.

Nas etapas anteriores, em suas relações com Deus, ou melhor, com a divindade, tinha se mantido no nível dos ritos, localizando a divindade em lugares determinados: árvores, alturas ou altares. Com Moisés começa a peregrinação para o único "lugar" onde se encontra o Deus vivo e verdadeiro: *dentro*. E *fora:* para além dos ritos, dos lugares (recorde-se o diálogo de Jesus com a samaritana: Jo 4,21), das palavras, e até dos conceitos.

* * *

Afastemo-nos por um momento, dando uma volta por outras latitudes, para voltar depois ao ponto predeterminado.

Antes que em Betel, Silo ou Sião, há dois "lugares" em que o homem da Bíblia vê resplandecer a atividade criadora e a presença libertadora de Deus: o universo e a história.

Para o salmista, a *criação* é uma teofania multicolorida, um sacramento reverberante grávido de presença, majestade e poder divinos. Os salmos são, em seu conjunto, como uma jubilosa dança em que os rios aplaudem, o mar ruge e estremecem as montanhas (Sl 98). Deus se manifesta ao homem por meio de sinais palpáveis: nuvens, ventos, cegonhas, rios, montes, campos, cedros, gado; o vento é seu mensageiro, o fogo ardente é seu auxiliar (Sl 107). Enfim, a vida universal é um imenso sopro de Deus.

Deus mantém as montanhas, controla a força do mar, enche de júbilo as pessoas nas portas da aurora e do ocaso, rega a terra seca, prepara os trigais. Pela ação divina, as colinas se orlam de alegria, os prados cobrem-se de rebanhos e os vales se vestem de messes (Sl 65). Ele solta os ventos de suas tocas, desata a chuva com os relâmpagos (Sl 134).

A terra inteira está grávida de Deus. Cada criatura é um retrato vivo do Invisível, um eco multiplicado daquele que é o Grande Silencioso. Por todo o universo seu nome ressoa e resplandece à vista dos homens, que aclamam e cantam sua glória.

* * *

Mas é principalmente na travessia da história que Deus é o verdadeiro *companheiro de viagem* do homem. Conforme as circunstâncias, faz as vezes de esposo, pai, amigo... Compadece-se, irrita-se, arrepende-se, conforme o caso. Deixa o homem cair em algum logro, *para que aprenda*, mas em seguida estende a mão para levantá-lo.

Tendo iniciado essa gesta lá longe, em Ur da Caldeia, foram caminhando, lado a lado, Deus e Abraão, na direção de uma pátria só vislumbrada como um sonho longínquo.

Um dia chegou aos ouvidos do Senhor o clamor de "seu" Povo, que gemia sob o açoite dos faraós. Seu coração se comoveu, e se decidiu descer às margens do Nilo para organizar a estratégia de libertação e tirar seu povo das garras dos opressores. Foi uma proeza admirável. Semeando a terra de portentos, abrindo o mar ao meio, fazendo brotar água fresca das rochas, alimentando-os no coração do deserto, levou-os até a margem do Jordão, fronteira da pátria prometida.

Organizou-os para a travessia do rio, e os acompanhou, fazendo que se detivessem as "águas que vinham de cima", na altura de Jericó. A instalação na terra de Canaã não foi uma ocupação pacífica, mas uma conquista sangrenta, coalhada de derrotas e confusões, e mesmo de rivalidades entre as tribos, tendo que infundir-lhes mais de uma vez coragem e ânimo. Ao longo de vários séculos, foram-se consolidando o regime monárquico e as instituições políticas, sob o olhar atento do Senhor.

Enviou-lhes líderes, juízes, reis, profetas. A relação do Povo com Deus, relação selada por múltiplas alianças, parecia a vida de um casal, às vezes de briga, às vezes de bem, com épocas de infidelidades e de reconciliações.

A Bíblia repete, com uma monotonia comovente, que Deus manteve fidelidade absoluta à sua aliança durante todo esse trajeto. Deus amou, foi leal, porque assistiu o Povo nos dias claros e nos dias escuros. Por sua atuação e solicitude, o Povo comprovou que Deus existia e se preocupava com ele.

* * *

Mas *não bastava*. Nos caminhos que conduzem ao interior não existem margens nem meta final. Nenhum líder lidou com Deus com tanta proximidade e imediatez quanto Moisés. Ninguém falou com Ele com tanta frequência e profundidade, nem com tanta familiaridade. E ninguém sabe o que aconteceu entre Moisés e Deus na solidão da nuvem, no mais alto do Sinai, durante quarenta dias.

Mas também para Moisés *não bastava*, e muito menos para Moisés! Porque ele tinha nascido com uma sede ardente, com notável potência mística, o que, como é graça, vem ou não vem na constituição genética. Com Moisés vinha, e consideravelmente.

Moisés – e nós – por aquele impulso de profundidade, marca e graça de Deus, suspira e aspira por Aquele que é o Centro de Gravidade, para poder ajustar-se *ali*, e *descansar*. Cada intento de oração verdadeira é um intento de posse.

Moisés – e nós – em cada ato de oração, quando tem a percepção e a segurança de que Deus está ao alcance da mão, comprova que Ele se desvanece como um sonho, e se converte em *ausência e silêncio*. Estamos na noite da fé, e a vida de fé é um caminhar em ausência e silêncio. Sabemos que a palavra *Deus* tem uma substância, um *conteúdo* infinito. Mas, enquanto estivermos *no caminho*, nunca teremos a evidência de possuí-lo vitalmente, de dominá-lo intelectualmente.

Deus vai se dando a nós como conta-gotas: só alguns detalhes, alguns vestígios. Ele *mesmo* fica oculto, "distante": estamos na noite da fé. Podemos saciar a sede nas águas frescas da torrente, mas a sua origem está lá em cima, no glaciar das neves eternas.

E o *homem de Deus* não se conforma com "partículas" de Deus, busca o próprio Deus. Não se conforma com as águas frescas que descem dançando para saciar sua sede, aspira pelo próprio Glaciar, como nos versos de São João da Cruz:

>*Descobre tua presença,*
>*e mate-me tua vista e formosura;*
>*olha que a dolência*
>*de amor, que não se cura*
>*senão com a presença e a figura.*

* * *

Moisés, "camarada" e lugar-tenente de Deus, um belo dia pegou a tenda e a armou a certa distância, fora do acampamento. Era uma espécie de *lugar de consulta*, de modo que, quando o povo queria saber os desígnios de Deus sobre algum ponto, saía do acampamento e ia à Tenda da Reunião. Quando Moisés entrava na tenda, baixava uma coluna de nuvens que se instalava na porta da tenda e ficava todo o tempo em que conversavam Moisés e Deus, enquanto o povo esperava, prostrado por terra.

Depois de um longo *puxa e solta*, quando os dois, Moisés e Deus, entram em clima de franca confiança (Ex 33, 11-17), em que mutuamente se criticam, regateiam, reclamam e fazem promessas, Moisés resolve satisfazer um desejo profundo, há muito guardado em silêncio no seu interior: *"Por favor, deixa-me ver tua glória!"* (Ex 33,18). O Senhor respondeu: "Farei passar diante de ti toda minha bondade [...] mas não poderás ver meu rosto porque nenhum mortal pode vê-lo e continuar vivendo" (Ex 33,20).

O mistério fica desvelado. Enquanto durar a peregrinação da fé, teremos que nos conformar com vestígios fugazes, lampejos furtivos, penumbras, sobras, comparações, analogias, as "costas" de Deus (Ex 33,23); como o sol, que ao atravessar espessos ramos já não é propriamente o sol, mas uma luminosidade amortecida e dispersa. Contemplar face a face seu rosto, *possuir* inconfundivelmente a Substância inalienável e ineludível, "dominar" o próprio Deus possessiva e intelectualmente não é possível enquanto durar a peregrinação.

* * *

É assim que o salmista – e nós – vive e arde (e se expressa) frequentemente na típica contradição vital de quem provou o aperitivo, mas ficou sem o banquete, caminhando na corda bamba do *sim e ainda não:* as costas sim, mas o rosto, não; os vestígios, sim, mas *Ele mesmo*, não.

Sede de Deus

Este é o clima interior de alguns salmos. Concretamente, a trama geral do Salmo 63.

O salmista entra impetuosamente. Irrompe no cenário com uma força veemente: "Ó Deus, Tu és meu Deus, por ti madrugo; minha alma está sedenta de ti; minha carne anseia por ti, como terra seca, árida, sem água".

É difícil encontrar figuras poéticas que expressem de maneira tão plástica e poderosa o que o salmista entende por *sede de Deus*. Dá impressão de que estamos diante de urna sede fisiológica ou animal, simbolizada por essas terras vazias que, durante o verão, são tão calcinadas pela seca que se rompem em rachaduras profundas, como bocas sedentas reclamando chuva.

Outro salmo, para descrever esse mesmo fenômeno, usa a comparação dos cervos que, depois de percorrer abruptas montanhas e encarapitar-se nos mais altos picos, descem vertiginosamente aos vales, devorados pela sede, em busca das frescas correntes de água (Sl 42).

Essa sede corresponde a uma sensação geral, de caráter afetivo, coalhada de saudades, anelo, atração e sedução (Jr 20,7). Santo Agostinho diz que é como uma flecha disparada para um universo sedutor. Em todo caso, trata-se de um dinamismo de profundidade, sempre inquieto e sempre inquietante, de um perpétuo movimento interior que busca o centro de gravidade onde possa ajustar-se, equilibrar-se, descançar.

O homem é um poço infinito, cavado de acordo com uma medida infinita. Por isso, infinitos finitos nunca poderão saciá-lo. Só o Infinito.

Que criatura singular é o homem, que reflete no mais profundo de suas águas a imagem de um Deus! Por essa marca eterna, somos inevitavelmente buscadores instintivos do Eterno, caminhantes que, em um movimento de retorno, navegamos rio acima em busca da Fonte Primordial. Peregrinos do Absoluto!

Esta sede, ou essa sensibilidade divina, em muitas pessoas é invencível. Em outras é forte e em outras, fraca, conforme o dom recebido. Há também os que não a receberam em grau nenhum. Outros – muitos – deixaram-na atrofiar-se por falta de cuidado e atenção, ou perderam-na – esse é o caso mais comum – no remoinho da desventura humana.

* * *

No fundo, o Salmo 63 é uma radiografia antropológica em que fica às claras a estrutura transcendente e fundamental do coração humano.

E assim se explica o fato seguinte: certos fenômenos trágicos da alma humana não são senão a outra face da *sede de Deus*. A insatisfação humana, em toda sua grandeza e amplitude, o tédio da vida, esse não saber para que se está no mundo, a sensação de vazio, o desencanto geral... não são senão a outra face do Infinito.

No princípio, Deus plantou no solo humano uma semente dele mesmo: criou-o na sua medida, segundo sua própria "estrutura", fê-lo por Ele e para Ele. Quando o coração humano quiser centralizar-se nas criaturas, cujas medidas não lhe correspondem, o homem inteiro vai sentir-se desajustado e seus ossos estalarão. Como disse Santo Agostinho, o homem se sentirá então desassossegado e inquieto, até conseguir firmar-se e descansar em Deus. Por isso, este salmo tem um profundo alcance antropológico.

O verdadeiro santuário

"Como eu te contemplava no santuário, vendo tua força e tua glória!" Que santuário? Deixando de lado, por óbvia, a referência literal e direta ao templo salomônico, no Monte Sião, permitam-me fazer outras suposições.

Levanta-se a manhã. Tudo ao redor é cor, vida e glória. Por pouca sensibilidade que tenha, o crente não poderá deixar de sentir que a roda dos horizontes abertos é um santuário vivo em que resplandece a vivificante atividade do Senhor.

Um grupo humano, uma comunidade, uma família podem ser, e de fato são, verdadeiros santuários em que Deus mora muito feliz. Sua presença é como o resplendor avermelhado de um fogão: aquece e ilumina. Aí, nesse cálido recinto, todos os dons são como fagulhas brotadas do fogo divino. O encanto de uma pessoa é o lampejo do encanto de Deus. A serviçalidade de outra é um reflexo da serviçalidade do Senhor. Assim, todas as pessoas e todos os grupos são santuários, pequenas teofanias que reverberam a força e o calor de Deus.

Mas tudo isso pode sumir como bolhas de sabão. Se não estivermos atentos, dizer que o mundo é um *sacramento de Deus*, e outras expressões similares, poderia reduzir-se a uma bela literatura ou, no máximo, a teorias bonitas.

* * *

Suponhamos que um coração está morto para Deus. Essa pessoa fará a travessia do mundo e passará pelo meio das criaturas como um cego, surdo e mudo. Para ela, Deus não resplandecerá em nenhum horizonte, em nenhuma planície, não falará nem brilhará em nenhum lugar. Se Cristo está vivo e vibrante em meu coração, projetarei a imagem viva do Senhor sobre o mais desagradável dos membros de minha comunidade, e ele se tornará agradável para mim porque o revesti com a figura do Senhor. Mas se Cristo está ausente de meu coração, esse irmão de minha comunidade será para mim apenas mais uma pessoa antipática e insuportável, nada mais.

Não é que as criaturas estejam magicamente revestidas de uma luz divina. Somos nós que as revestimos com essa luz. Quando o coração é luz, tudo ao redor é luminoso. Mais uma vez chegamos à conclusão de que o *verdadeiro santuário* é sempre unicamente o coração do homem.

Como tinha razão o Mestre – nunca insistiremos demais nisso – ao dizer à samaritana que o verdadeiro templo de adoração não estava nem no Garizim nem no Monte Sião, mas em outro "lugar", que não é lugar, que está *dentro*, o "templo" feito de *espírito e verdade*.

Não é exato dizer que as criaturas "despertavam Deus" em Francisco de Assis, que elas lhe falavam de Deus. Toda essa literatura, o *irmão sol*, as *irmãs estrelas* etc. poderia converter-se em um ambíguo jogo de palavras, sem realismo nem objetividade.

O certo é que Francisco de Assis, antes de ser o santo das criaturas, foi o homem das cavernas. Para convencer-se disso, basta ir ver os biógrafos primitivos. Mesmo hoje em dia, os lugares verdadeiramente sagrados do franciscanismo estão nas altas montanhas.

Quando Francisco queria *estar* verdadeira e vivamente com o Senhor, abandonava suas irmãs criaturas e mergulhava nas grutas escuras, onde mal penetrava um raio de luz. Ali permanecia horas e dias, semanas e meses inteiros. Dali emergia com o coração transbordando de Deus. Então sim, todas as criaturas falavam dele.

Mas, na realidade, nem era assim. Era Francisco que difundia por toda parte aquele Deus *vivo* que trazia em seu coração; era ele que revestia de Deus as criaturas. Seus olhos estavam povoados de Deus e, obviamente, tudo quanto esses olhos viam aparecia revestido de Deus porque seu coração estava habitado e seu pensamento ocupado por Deus.

Vida, banquete e festa

"Tua graça vale mais do que a vida". Que é vida? Existir é uma coisa, dizem, viver é outra. Pode-se existir e ser ou sentir-se infeliz. Mas viver implica, de alguma maneira e em algum grau, sentir-se feliz.

Deixando de lado considerações abstratas, chamamos *vida*, na linguagem corrente, um conjunto de coisas agradáveis (saúde, prestígio, amizade...) que tornam uma existência agradável.

Há certas palavras na Bíblia que encerram idêntico conteúdo: graça, amor, misericórdia, lealdade; é Deus mesmo, enquanto ama, cuida, protege. Pois bem, o salmista, certamente fazendo referência a uma experiência pessoal, vem dizer neste versículo quarto que, por pouco que o homem experimente o amor do Pai e por pouco que saboreie sua *presença*, pode encontrar nessa experiência mais doçura e riqueza que em todas as satisfações da vida.

A vida, naturalmente, traz alegrias, mas elas são efêmeras e precárias. Uma pessoa sente-se feliz em um momento determinado e, meia hora depois, quando sai à rua, lembra aquele assunto infeliz e, de repente, seu céu se cobre de tristeza. Outra pessoa amanhece tranquila e contente, mas, na metade da manhã, recebe uma carta com más notícias e fica com a alma povoada de preocupação e ansiedade. Os exemplos poderiam multiplicar-se. Tudo é tão efêmero!

Depois de completar tempos, de cruzar em muitas direções os velhos caminhos, e de encher os arquivos de lembranças adormecidas, o homem, por si mesmo e em virtude da precipitação deixada pela vida, chega à conclusão definitiva de que a verdadeira fonte de paz e alegria, de segurança e liberdade é Deus, só Deus: tua graça vale mais do que a vida.

* * *

O salmista encontrou o tesouro, e garantiu sua liberdade. Deus, um Deus possuído pela fé no coração, é como uma carga de profundidade que faz o salmista explodir de júbilo: "Meus lábios te louvarão, toda minha vida te bendirei, e levantarei minhas mãos para te invocar".

É isso que chamamos de adorar. Muitas tarefas esperam e reclamam os irmãos: atender os pobres *é* a primeira opção e a primeira urgência; acender a tocha do Evangelho na noite de uma sociedade sem fé; movimentar as instituições e as obras de cada congregação para o serviço da Igreja... Há tantas necessidades, e tudo é importante.

Mas, acima de todas as urgências, o salmista levanta bem alto a tocha suprema de todo crente e, principalmente, dos consagrados: a *absoluta primazia de Deus*. Buscar primeiro o Reino, absolutizar o que é Absoluto e relativizar o que é relativo. Colocar cada valor no próprio lugar. Dar a Deus o que é de Deus. Procurar um ponto de apoio, um centro de gravidade que ponha ordem e equilíbrio em tudo que somos e fazemos. Saber que são muitas as coisas importantes, mas que "só uma é necessária": eu te bendirei durante toda a minha vida, e levantarei minhas mãos para te invocar.

***

No meio de um brilhante jorro de metáforas, o salmista presenteia-nos com um precioso ramalhete de versículos (v. 6-10).

De imediato, vemos que o salmista está vivendo um forte momento de presença divina. É como se estivesse ao *meio-dia* e, sem poder conter-se, dá rédeas a uma série de sensações ou vivências, procurando expressá-las em linguagem literária. Se toda experiência nasce e morre com uma pessoa (é intransferível), que diríamos dessa experiência, a divina, que se realiza na interioridade mais profunda? Não obstante, o salmista consegue comunicar-nos de alguma maneira o que *acontece* no seu interior, e com grande êxito, sob o ponto de vista literário e analítico.

Quando diz, *de verdade*, "Tu és meu Deus", a primeira palavra que vem à mente do salmista para expressar o que está vivendo é a palavra banquete. Em nossa língua temos outra palavra ainda mais expressiva: *festim*, que comporta a ideia de um banquete mais abundante e saboroso, com muita alegria, cantos e danças.

É interessante sublinhar o fato de que, com o conceito de festim, encontramos invariavelmente nos salmos o verbo *saciar-se*. Mais uma vez, estamos na área antropológica: Deus, e só Deus, é capaz de saciar completamente a fome de transcendência. E não podia ser menos: como a "estrutura" humana foi desenhada segundo a medida divina, era lógico e normal pensar que só Deus poderia encher de equilíbrio e alegria esse mundo interior, inefável e vastíssimo, insaciável diante de todos os manjares humanos. O salmista poderia dizer: Tu és minha saciedade.

Nesse sentido, o salmista nos dá, aqui e ali, expressões sublimes, verdadeiras joias, que eu aconselharia as pessoas que levam a sério a amizade com Deus a aprender de cor para repetir sempre. São expressões inesgotáveis de ressonância e vida.

> *"Mas Tu, Senhor, puseste em meu coração*
> *mais alegria do que se abundassem trigo e vinho"*
> (Sl 4,8).

Não é preciso comentar. Todos e quaisquer "trigos" e "vinhos", que simbolizam as emoções e satisfações da terra, são nada em comparação com a alegria e saciedade que Tu puseste dentro de mim.

Mas a sinfonia chega ao ponto mais alto, quanto à beleza e a inspiração, quando diz:
"Saciar-me-ás de gozo em tua presença,
de alegria perpétua à tua direita" (Sl 16,11).

É impossível dizer isso com mais precisão e beleza. Entram na dança, sincronizadamente, a Presença (o próprio Deus), a saciedade e a alegria, desta vez definitivas.

Também há outro verso belíssimo, no mesmo sentido: "Ao despertar, saciar-me-ei de teu semblante" (Sl 17, 15). Percebe-se nessas palavras uma experiência inefável do homem que, ao acordar de manhã, em vez de ser assaltado e vencido pelas lembranças tristes ou por preocupações obsessivas, sente-se invadido pela recordação viva do Senhor, cuja presença (semblante) inunda-o de segurança e alegria para enfrentar animadamente o novo dia.

* * *

Por isso, o salmista convida, quase desafia, a comprovar, a "saborear" como é suave (poderíamos dizer: *quão delicioso;* sempre em referência aos manjares) o Senhor (Sl 34,9).

Mas esta é a questão: para o que estiver com o coração dominado pelos deuses da terra, essas sublimidades vão soar como ironia ou, no melhor dos casos, como misticismo ridículo e alienante. Expressões que, de cara, não deixam de ser mecanismos de defesa.

Aqui tocamos a raiz do problema. As coisas da vida, se olhadas *intelectualmente*, são insuportáveis, porque exageradas. As *coisas da vida* só podem ser entendidas e *sabi-*

das se forem vividas. Já dizia São Francisco que só se sabe aquilo que se vive. As *coisas da vida* só começam a ser entendidas quando começam a ser vividas. Poderia acrescentar: as *coisas da vida*, analisadas intelectualmente, podem reduzir-se a um montão de palavras, nada mais.

Deus não é uma abstração mental, *é coisa da vida*, é uma pessoa e uma pessoa não pode ser "conhecida" reduzindo-a a um conjunto de ideias lógicas, mas *tratando* com ela.

Uma coisa é a ideia de Deus, outra é o *próprio Deus*. Uma coisa é a ideia (fórmula química) do vinho, e outra coisa é o próprio vinho. Ninguém se embriaga com a palavra "vinho" nem com sua fórmula química. Uma coisa é a palavra "fogo" e outra o próprio fogo. Ninguém se queima com a palavra "fogo". Ninguém se sacia com a fórmula da água: H_2O. É preciso bebê-la.

Deus é a água fresca, o vinho ardente, mas é preciso bebê-lo. Os que não o provarem não poderão ser "apreciadores" desse Vinho, não entenderão nada desse Vinho. Por isso, o salmista convida, desafia, a "saborear" o Senhor.

Quando o homem prova que Deus é "meu Deus", que o Pai é "meu Pai", quando entrou em uma relação especial com Ele, e *sabe* que, noite e dia, está às suas portas, acompanha-o como uma mãe solícita e vela seu sono, inspira-o por dentro e o sente como força, alegria e liberdade, então as palavras do salmista parecerão pequenas e não exageradas. Deus é para "ser vivido". Aí é que se transforma em uma fortaleza invulnerável para o combate da libertação.

* * *

E assim o salmista continua a se espraiar, cheio de ternura: "No meu leito eu me lembro de Ti, e velando medito em Ti". Um homem assim jamais será vencido pelo medo. Avançará noite adentro e os fantasmas não o incomodarão. Enquanto trabalha, caminha, relaciona-se com os outros, a segurança e a alegria o acompanharão como dois anjos protetores, porque "Tu estás comigo".

Para significar esse estado interior de libertação sai da boca do salmista um dos versos mais esplêndidos: "À sombra de tuas asas canto com júbilo". *Júbilo*: a palavra mais elevada entre os sinônimos de alegria. *Canto*: quando espontâneo, é sempre uma válvula de escape. Quando alguém transborda de gozo, precisa estourar, e o canto é um estouro. *Asa*: na Bíblia, é frequentemente símbolo do poder protetor de Deus. *Sombra*: em uma tarde de calor, o presente mais desejado.

Juntem-se agora as quatro palavras e descobriremos que o salmista consegue a "façanha" de descrever o indescritível em um só verso curto. E descobrimos um panorama humano invejável: um homem precedido pela segurança, seguido pela paz, guardado pela liberdade e respirando alegria por todos os poros. Quem vai impedir que um homem desses seja amor e salvação para todos?

IV
A liberdade gloriosa
Sl 27(26)

O Salmo 27 tem as mesmas harmônicas daquela grande melodia que vem ressoando desde as primeiras páginas da Bíblia: *Não tenhas medo, estou contigo*. Moisés, Josué, Gedeão, Samuel, Davi, e todos os profetas, nos momentos decisivos, quando provaram o peso de sua fragilidade diante da responsabilidade, escutaram, em diferentes oportunidades e de mil maneiras, estas ou semelhantes palavras, que os libertaram de temores e lhes infundiram coragem.

Esta melodia adquire, em certos momentos, uma tensão verdadeiramente comovedora. Assim, por exemplo, quando, morto Moisés, Josué teve que se colocar à frente do povo em sua marcha conquistadora até a Terra Prometida. Sentindo-se indeciso para cruzar o Rio Jordão, fronteira da futura pátria, o Senhor lhe infundiu ânimo e esperança com estas palavras: "[...] como estive com Moisés, estarei contigo; não te deixarei nem te abandonarei. Sê valente e firme, porque tu vais dar a este povo a posse do país que jurei dar a seus pais. Sê valente e firme [...] Não tenhas medo nem te acovardes, porque teu Deus estará contigo onde quer que vás" (Js 1,1-10).

Essas palavras acompanharam Josué como luz e energia, durante as mil e uma aflições que teve que suportar nos anos em que Israel se instalou na terra de Canaã, instalação que não foi uma posse pacífica de uma terra presenteada, mas uma conquista sangrenta no meio de mil atrocidades.

* * *

Esta melodia ou *leitmotiv* – a assistência leal e amorosa de Deus – adquire uma tonalidade ainda mais intensa e elevada nos profetas, principalmente em Isaías: "Não temas, que eu te resgatei, eu te chamei pelo nome: *'és meu'*. Se passares pelas águas, estarei contigo; se passares pelos rios, não te afogarão. Se atravessares uma fogueira, não te queimarás, porque eu sou teu Deus, o Santo de Israel, teu Salvador" (Is 42,1-4). Numerosos textos semelhantes espalhados aqui e acolá em diversos profetas expressam a mesma convicção.

Uma longa série de salmos contém, também, de forma variada e vigorosa, a certeza dessa assistência libertadora de temores e angústias: Salmos 23(22); 27(26); 31(30); 71(70); 91(90); 118(117); 131(130) e outros. Em geral, poderíamos dizer que essa convicção (atitude? estado de ânimo?) é o sentimento mais generalizado e insistente nos 150 salmos.

Dessa certeza, reiteradamente confirmada ao longo dos séculos bíblicos, São Paulo deduz uma série de animadoras conclusões: "Diante disso, que diremos? Se Deus está conosco, quem estará contra nós? Quem nos separará do amor de Cristo? A tribulação, a angústia, a perseguição, a fome, a nudez, os perigos, a espada? Estou seguro de que nem a vida, nem a morte, nem os anjos, nem os principados, nem o presente nem o futuro, nem as potestades, nem a altura, nem a profundidade, nem outra criatura alguma poderá separar-nos do amor de Deus" (Rm 8,31-39).

Solidão, medo, angústia

O Salmo 27, principalmente em sua primeira parte, ressoa essas mesmas harmônicas. O salmista entra em cena, solene e triunfante, lançando desafios em todas as direções, com metáforas cada vez mais brilhantes e audazes:

O Senhor é minha luz e salvação;
de quem eu terei meão?
O Senhor é a proteção de minha vida;
perante quem eu tremerei?
Se um exército armar-se contra mim,
não temerá meu coração;
se contra mim uma batalha estourar,
mesmo assim confiarei.

Como vamos qualificar isso: liberdade, segurança, gozo, paz, plenitude? Estará aí o conteúdo da saudação eterna de Israel: *Shalom*? É uma saudação com tais ressonâncias de vida que não é possível traduzi-la em outras línguas. Por exemplo, nossa palavra *paz* não esgota os conteúdos vivos de *Shalom*. Talvez pudéssemos dizer *felicidade*, tirando um certo eco hedonista contido nesta palavra.

Mas, no fundo, que experiência está vivendo o salmista? Qual é o conteúdo vital, a natureza última desse sentimento que se agita dentro do salmo? Haverá alguma maneira, alguma expressão que possa sintetizá-lo? Acho que sim. Poderia ser esta: *ausência de meão*. Mas essa expressão, de cunho negativo, encerra por sua vez uma carga de profundidade, transbordante de várias riquezas: segurança, liberdade, gozo, paz, alegria. Para sintetizá-la numa expressão positiva, falaremos de *liberdade interior*, entendendo esse cúmulo de vivências interiores que acabamos de indicar. Em todo caso, como vamos ver, não se trata senão de ausência de medo.

Como dissemos, a Bíblia repete invariavelmente os mesmos termos: *eu estou contigo*; *não tenhas meão*. À primeira vista, parece óbvio que a *causa* que desencadeia um fato é a presença divina (*eu estou contigo*); e o fato, o efeito produzido, é a remoção do temor (*não tenhas medo*). Portanto, há uma relação de causa e efeito. Essa é a explicação radical que, na minha opinião, está por baixo do Salmo 27, e por baixo de pelo menos dez ou quinze salmos. Por isso, acho conveniente e válido fazer uma análise e esquadrinhar as entranhas do fenômeno *medo*, com alguma prolixidade.

No fundo do fenômeno está a *solidão*, entendida como *sentir-se sozinho*, que, por sua vez, equivale a sentir-se desvalido, indigente, impotente, limitado. Damos a tudo isso o nome de *solitariedade*. Há duas circunstâncias que dramatizam essa situação ou sensação: em primeiro lugar, o fator temperamental: há pessoas que nasceram com uma predisposição especial para sentir-se desvalidas. Outras ficaram com as asas cortadas, doentes de insegurança por causa de algum acontecimento infeliz. Por outro lado, é normal que uma alta responsabilidade faça uma pessoa sentir-se solitária, incerta, insegura, porque o peso de uma responsabilidade é o peso de uma solidão. Foi o que aconteceu com Moisés, Jeremias e outros profetas.

É aqui e agora que nasce o *temor*, como consequência e efeito dessa solidão desvalida. O medo é fundamentalmente constituído por *incerteza* e *insegurança*. Por isso, o medo seria consubstancial ao fato de sentir-se homem, a partir de sua radical solidão e indigência.

O medo acompanha o homem sob muitas formas e variantes e, às vezes, sob formas disfarçadas. Sua presença, frequentemente oculta e larvada, é constante, mesmo que a pessoa não tenha consciência.

As diversas formas do medo permanecem vivas, mas enterradas nas camadas profundas da subconsciência: são forças em movimento, completamente obscuras, sem que se saiba exatamente de onde vêm, para onde vão e, principalmente, para onde nos levam. Os fatores que desencadeiam as formas e variantes do medo são inumeráveis e imprevisíveis.

O estado de medo (o medo instalado na consciência) pode surgir um tanto repentinamente e apagar-se de repente. Também pode fazer-se presente devagarinho. Nesse caso, seus efeitos podem ser persistentes e chegar a transformar-se em uma fixação de caráter permanente, passando a fazer parte constitutiva da personalidade e incidindo em muitas das manifestações da vida.

* * *

O fato de viver envolve, de certa forma, uma ameaça geral ou perigo. Onde há muitos seres humanos que sentem, desejam e projetam, os perigos estarão de tocaia, às portas. O homem pode desejar ardentemente sua independência e lutar por ela, mas não pode libertar-se totalmente de dependências. Sempre estará inserido em algum grupo ou sistema social e, enquanto isso acontecer, sempre existirão algumas formas de dependência e, escondido em suas dobras, o eventual conflito que pode estourar a qualquer momento.

Frequentemente nasce nas entranhas do medo, tensa e defensiva, a *resistência mental*, resistência a alguma coisa, em geral surda e obscura, que intuímos como possível perigo ou ameaça para nossa segurança, ameaça que procuramos anular pela resistência. Essa resistência tem um nome: *angústia*.

Em geral é difícil distinguir a fronteira entre o medo e a angústia. Teoricamente, a angústia é filha do medo, mas muitas vezes não sabemos onde está a mãe e onde está a filha. Por isso, há uma série de termos que, em linguagem corrente, acabam sendo sinônimos do medo: temor, angústia, ansiedade, pânico... E, digamos de passagem, ainda que muito parecidos, o medo é completamente diferente da timidez.

Nem sempre o medo tem uma motivação objetivamente válida. É preciso levar em conta que toda pessoa arrasta uma boa dose de subjetivismo, que faz parte da individualidade. Sem pensar nas pessoas que têm fortes tendências subjetivas por constituição.

Por isso, o medo facilmente cria fantasmas, vê sombras, enxerga inimigos ou os exagera, move-se entre suposições. E se a pessoa tem tendências subjetivas muito marcadas, pode viver, principalmente nos momentos de crise, entre alucinações, vendo adversários por todo lado, imaginando conspirações, supondo conjuras. É o que acontece com o autor de alguns salmos, como por exemplo o 31 (30), o 71(70) e outros.

E o medo não é o inimigo *número um* do homem, é o inimigo *único*. O mal da morte não é a morte, é o medo da morte. O mal do fracasso não é o fracasso, é o medo de fracassar. O mal de que não me queiram ou me ponham de lado é o medo de que isso aconteça.

É espontânea e óbvia esta conclusão: removido o medo dos inimigos, os inimigos desaparecem, por mais valentões que possam estar parecendo aí na minha frente.

Filhos da onipotência

Chegamos ao ponto de partida. Por que, de que maneira, com que mecanismos a presença de Deus (*eu estou contigo*) acaba com o medo (*não tenhas medo*)? A explicação é esta: a presença de Deus não "ataca" diretamente o medo, mas a solidão, mãe do medo.

Quando o homem abre seus espaços interiores para Deus, na fé e na oração, quando sente que suas solidões interiores ficam inundadas pela presença divina, quando percebe que seu desvalimento e indigência radicais foram vencidos pelo poder e riqueza de Deus, quando experimenta vivamente que esse Senhor, que plenifica e dá solidez, além de todo-poderoso também é todo carinhoso, que Deus é "seu" Deus, o Senhor é "seu" Pai, e que seu Pai o ama e o envolve, compenetra, acompanha, e que é sua fortaleza, sua segurança, sua certeza e sua libertação... então, digam-me, medo de quê?

Se o Senhor é minha força e minha salvação, vou temer quem? Se o Senhor é a defesa de minha vida, vou tremer diante de quem? (v. 1). O medo desapareceu porque a solidão ficou povoada de Deus. E, nesse momento, a pessoa começa a participar da onipotência de Deus: nem a vida, nem a morte, nem a mentira, nem a calúnia poderão causar-me o menor arranhão. A partir desse momento, a pessoa é *filha da onipotência*, invulnerável diante dos perigos e ameaças.

Esse sentimento de onipotência é acompanhado por segurança, euforia, júbilo, liberdade, sentimentos que afloram em muitos salmos com expressões exultantes. Como expressar tudo isso em uma só palavra? Já falamos em *liberdade interior*, mas essa expressão ainda é fraca. Na realidade, trata-se de uma *sensação de onipotência*: é o que sentia São Paulo quando escreveu: "Nem a morte, nem a vida, nem os anjos, nem as potestades, nem altura, nem profundidade [...]" nada nem ninguém pode comigo, porque Deus está comigo, e participo de seu poder.

Não é que os inimigos tenham sido engolidos pela terra ou fulminados por um raio, ou passados a espada. Não! Os adversários continuam em pé, estão aí, insolentes, soltando seu veneno. Mas o salmista se sente de tal maneira encorpado pela presença divina, de tal maneira interiormente coeso, de tal maneira participante da onipotência divina e, por isso mesmo, invencível, que não sente nenhum medo, não se importa com os insultos nem é atingido pelos dardos, nada o fere, nada o machuca. Sente-se livre, livre dos males e da adversidade.

Não se trata, portanto, de uma situação objetiva, como se os inimigos tivessem sido abatidos e derrotados, mas de uma sensação subjetiva, a sensação de uma *liberdade gloriosa*, acompanhada de júbilo, euforia e plenitude vital. É esse o mecanismo, o sentido profundo que palpita no seio do Salmo 27 e de tantos outros.

* * *

Pois bem. Como dissemos, se o medo é removido, desaparecem os inimigos, não da frente de batalha, mas da mente. Então, a situação real é que a pessoa sente como se os inimigos não existissem. Não só os inimigos, mas todos os males e desgraças da vida. Daí essa santa euforia, essa liberdade gloriosa.

Se levantarem-se contra mim os ressentidos de sempre, para me derrubar e devorar, quando me virem invulnerável a suas espadas e mentiras, eles mesmos vão ser tomados pela confusão e perplexidade; "eles, adversários e inimigos, tropeçam e caem" (v. 2); eles é que vão se sentir derrotados.

Mesmo que um exército inteiro (v. 3), organizado em ordem de batalha, acampe na frente da minha casa, meu coração não se alterará. Se avançarem de baioneta em riste, dispostos a transpassar-me, nem me mexo, porque não podem fazer nada, sinto-me livre, invulnerável. "Que me pode fazer o homem?"

"No dia do perigo" (v. 5), quando a infelicidade me cercar, quando a morte bater à minha porta, quando me assaltarem os mastins da incompreensão e da solidão, o desprestígio e a doença, o Senhor "me protegerá em sua tenda". Deus não tem tenda nem cabana. Ele mesmo é cabana de refúgio. O problema está em que eu me refugie, me acolha, me abandone em suas mãos. Mas Deus não tem mãos; trata-se de uma metáfora para significar sua presença. Alguns traduzem com grande acerto este versículo, dizendo: "Deus me abrigará". É isso mesmo: que eu me abrigue, que eu me cubra com a presença divina, como com um abrigo. Mais uma vez, e sempre, a liberdade gloriosa pressupõe uma experiência viva de Deus.

* * *

O versículo continua: "Esconder-me-á no mais escondido de sua morada". Deus não tem esconderijos; Ele é o esconderijo, a gruta de refúgio, a cabana para abrigar-me na tempestade. Mais uma vez, e sempre, o problema está em mim: sou eu que preciso buscar o refúgio em suas asas; me envolver com sua presença que me protegerá das flechas.

"Colocar-me-á em cima da rocha" (v. 5). Deus também não tem rocha nenhuma. Ele é a rocha, uma rocha proeminente, inacessível. Tenho que escalar essa rocha para me colocar fora do alcance das flechas dos inimigos. Brilhante metáfora que lembra os castelos inexpugnáveis de outros tempos, construídos, como ninhos de águia, sobre pináculos altíssimos, rodeados de barrancos profundos por todos os lados. Eram torres inacessíveis e, por isso mesmo, inexpugnáveis. Refugiados lá dentro, os homens estavam seguros, livres dos inimigos.

"Levantarei a cabeça sobre o inimigo que me cerca" (v. 6). Esplêndida figura, muito repetida na Bíblia, que resume tudo que o salmista disse até agora. Isto é: se os inimigos (que podem ser pessoas, acontecimentos ou elementos adversos da natureza) rugirem em torno, ameaçarem e dispararem, estarei invulnerável, porque fui revestido com um abrigo antiprojéteis, que é Deus, e me sinto insensível a ameaças, e, por isso mesmo, livre. Então, o triunfo é meu, o que equivale a ficar com a cabeça levantada por cima de meus inimigos.

"Em sua tenda sacrificarei sacrifícios de aclamação, cantarei e tocarei para meu Deus" (v. 6). Era inevitável. Sempre acontece assim. Uma gesta de libertação acaba sempre em um hino de libertação. O salmista, sentindo-se completamente libertado e profundamente feliz, precisa explodir. Não pode calar-se e, arrebatado por uma agradecida emoção, prorrompe em música e dança, em gritos de júbilo e louvor ao Grande Libertador.

Busco teu rosto, Senhor

Tudo que dissemos até agora corresponde à primeira parte do salmo, cujo conteúdo fundamental é a ausência de medo (*não tenhas medo*). E o núcleo essencial da segunda parte é garantir a presença divina: buscar seu rosto. Pulamos premeditadamente o versículo 4 porque, por seu conteúdo, cabe melhor nesta segunda parte.

"Uma coisa peço ao Senhor, e isso buscarei: habitar na casa do Senhor por todos os dias de minha vida" (v. 4).

Se a experiência libertadora descrita até agora for realmente assim, impõem-se uma conclusão. Se Deus, vivo e vivificante na interioridade humana, é a fonte de toda felicidade e de toda liberdade, concluamos: só uma coisa vale, só uma coisa importa, só uma coisa vou procurar, pedir e buscar eternamente: "morar na casa do Senhor".

É preciso entender essas palavras em sua verdadeira profundidade, isto é, em seu sentido figurado: "viver no templo" de sua intimidade, cultivar sua amizade, acolher profundamente sua presença, "gozar a doçura do Senhor" (v. 4), isto é, experimentar vivamente a ternura de meu Deus, sua predileção, seu amor, que se me dá sem motivos nem merecimentos, cultivar interminavelmente, "por todos os dias de minha vida", a relação pessoal e libertadora com o Senhor, meu Deus.

* * *

"Ouço em meu coração: buscai meu rosto. Teu rosto buscarei, Senhor, não me escondas teu rosto". Precisamos mais uma vez: Deus não tem rosto. Essa palavra, *rosto*, tão repetida desde os dias de Moisés, como a expressão da intimidade mais entranhável, quer indicar, faz referência, mais uma vez, à presença divina, ao Deus pessoal, vivo e verdadeiro, ao *próprio Deus*, percebido vivamente na fé e na oração.

Voltamos a insistir: o Senhor será o vencedor da solidão e libertador das angústias, na medida em que for o Deus vivente no fundo da consciência. A única condição para que Deus seja verdadeiramente *meu libertador* é esta: que não seja uma abstração teórica, uma trama de ideias lógicas para fazer acrobacias intelectuais, mas que seja, dentro de mim, uma pessoa viva: pai, mãe, irmão, amigo, *meu Deus verdadeiro*. Para dar algum nome a essa realidade, dizemos *rosto*.

E o salmista, sabendo por experiência que esse *Rosto é* a chave de todo bem, fonte de força e transformação, como de plenitude existencial, em seis oportunidades consecutivas apela para esse Rosto: 1) "Teu rosto buscarei, Senhor"; 2) "não me escondas teu Rosto"; 3) "não rechaces teu servo"; 4) "não me abandones"; 5) "não me deixes"; 6) "mesmo que meu pai e minha mãe me abandonem, o Senhor me acolherá".

O salmo, que começou com uma entrada triunfal, acaba também com uma saída vitoriosa, com um par de versículos em que domina invencivelmente a esperança.

"Espero gozar da felicidade do Senhor no país da vida" (v. 13). *País da vida* é esta vida, oportunidade que Deus nos dá para sermos felizes e fazermos os outros felizes. *Gozar a felicidade do Senhor* é, simplesmente, *viver.* Muita gente não vive, agoniza. Os que arrastam a existência afogados entre temores e ansiedades não vivem, sua existência é uma agonia; no melhor dos casos, vegetam. Mas agora que o vento do Senhor varreu nossas sombras e temores, agora sim, podemos respirar, sentir-nos livres, gozosos, felizes. Isso é *viver*; agora esperamos *viver.*

E tanta beleza como a deste salmo não poderia acabar senão com um longo grito de coragem e esperança: "Espera no Senhor, sê valente, tem ânimo, espera no Senhor" (v. 14). O homem tem que se haver com a vida e seus perigos; precisa de refúgios. Aprendeu a não confiar nos poderosos da terra, "os senhores da terra". E sabe por experiência que só o poder e o carinho de Deus salvam. Esse poder e amor suscitam a confiança do homem, e nessa confiança baseia-se sua segurança. E essa segurança se transforma no gozo de viver, viver plenamente. *Shalom.*

V
O templo da criação

Deus é

Nos Salmos 8, 104 e outros, as criaturas são o *lugar de encontro*, o altar da adoração, assim como em outros salmos – numerosos – as gestas salvíficas são a epifania da presença e ação libertadora de Deus.

O salmista não é apenas um poeta colorista que descreve "as tocas dos ouriços" e os "leõezinhos que rugem pela presa", mas, principalmente, o contemplador sensível que capta a realidade latente e palpitante que respira sob a pele das criaturas: o próprio Deus.

Nas religiões primitivas, a divindade, imprecisa e vaga, não só circunscrevia-se a certos elementos telúricos, como a árvore, a fonte e o sol, mas se identificava com eles. A divindade *era* a fonte sagrada, o bosque, sem uma distinção exata entre *ser* e *estar*, antes com os dois aspectos implicados e confundidos. Para Akken Aton, o sol *era* (e estava) a divindade.

Nos salmos, e na Bíblia em geral, leva-se a cabo o processo de emancipação aberta para a transcendência: o cordão umbilical que ligava um deus a um lugar é cortado. Deus se separa dos seres e dos lugares, torna-se independente, superando a etapa panteísta, e adquire identidade pessoal e maioridade. Transcende os seres criados, fica *além* das criaturas, o que não quer dizer que esteja afastado ou acima, mas que é *outra coisa*. Daí em diante, estamos em condição de afirmar: simplesmente, *Deus é*. Podemos acrescentar também que Deus é o fundamento básico de toda realidade, a essência da existência; que nele nós nos movemos, existimos e somos; e que a Ele não cabe *estar*, mas *ser*.

Volta à natureza

O homem de Igreja precisa, talvez hoje mais do que nunca – no meu modo de ver – vivificar e atualizar os salmos *cósmicos*, nutrindo-se com eles. Não para orquestrar as cruzadas dos ecologistas, mas para entrar em profunda comunhão com todos os seres *em* Deus, raiz e fundamento de tudo; para adorar o Senhor, não só no santuário da última *solidão*, mas também no brilho multicor e multiforme do universo.

A formação clerical, marcadamente racionalista, utilizando a lógica e a abstração como fontes quase únicas de conhecimento, esteve desentendida durante séculos com a poesia e a intuição, salvo na corrente franciscana, subestimando, para dizer pouco, a vertente emotiva e imaginativa da pessoa. Resultado? É fácil supor: um homem de certa maneira mutilado, com um vazio difícil de equilibrar na estrutura geral da pessoa.

Por isso é urgente voltar às raízes da criação. É preciso despertar, com certa premência, as energias instintivas hoje adormecidas, fazendo brotar de novo as fontes da simpatia. Com todo esse caudal recuperado, o homem terá mais facilidade para entrar em uma vibrante comunhão com as criaturas e com o Criador, conjuntamente. O que certamente vai contribuir para o enriquecimento integral da pessoa.

Quando um fiel consegue fazer dos salmos da criação uma forte vivência, não só presta uma homenagem e entoa uma música festiva ao Criador, mas também, e principalmente, levanta o nível de sua riqueza interior. O adorador cósmico mergulha de cabeça e se banha na corrente secreta e profunda da natureza, enquanto sente e de certa forma participa da vida borbotando das mãos de Deus.

Ninguém abriu tantas brechas de luz sobre esses horizontes quanto Teilhard de Chardin.

Ninguém se expressou com tanta originalidade e audácia, tanto resplendor e fogo sobre a *Potência espiritual da matéria* como esse místico da era tecnológica. De tal maneira que, para ele, a matéria é a última e mais deslumbrante teofania. Sua espiritualidade é autenticamente cósmica, e, penso eu, a humanidade fiel não está suficientemente preparada para assimilá-la. Tenho a certeza de que sua vasta e ardente cosmovisão vai iluminar, no correr dos séculos, as mentes mais elevadas e nobres.

É cativante a *Missa sobre o mundo*, que ele celebrou nas nuas estepes da Ásia sem os implementos necessários para a Eucaristia, em cima do altar da Terra inteira, oferecendo o trabalho e a dor do mundo. Seu cálice e patena são "as profundidades de uma alma amplamente aberta a todas as forças que, em um instante, vão elevar-se de todos os pontos do globo e convergir para o Espírito". Mais adiante continua: "Recebe, Senhor, esta Hóstia Total que a criação te apresenta nesta nova aurora. Tu nos deste um irresistível e santificante desejo que nos faz todos gritar: Senhor, faz de nós *um*".

Admiração e êxodo

> *Senhor nosso Deus, como é grande*
> *Vosso nome por todo o universo* (Sl 8,1).

*Bendize, minha alma, ao Senhor,
meu Deus, como és grande!* (Sl 104,1).

Esse é o *cantus firmus*, a melodia central que amadurece, anima e mantém em pé os salmos cósmicos: a admiração. O assombro paira incessantemente por cima da criação, enquanto sua presença sopra por cima e empurra por baixo as criaturas.

Essa é a diferença entre um geólogo e um salmista. Para o geólogo, a criação é um objeto de estudo. Aborda-o analiticamente, com instrumentos adequados. Para o salmista, a criação não é um objeto que se toma para analisar, nem para admirar. O salmista está seduzido e deslumbrado pela criação.

Por isso, o salmista é um ser eminentemente pascoal, debruçado, ou melhor, arrebatado pelo esplendor circundante. "Estuda" (contempla) a criação não cientificamente, mas vibrando com ela. Quase diria, "vivendo-a" com todas as características da vida: *unidade*, isto é, o salmista não só está fora de si mas principalmente mergulhado na corrente secreta do mundo e compenetrado com seus impulsos; *emoção*, isto é, um palpitar gratificante; *gratidão*, um sentimento benevolente e agradecido por tanta formosura que faz o homem feliz.

O que dissemos até aqui poderia identificar o salmista com o poeta. Mas há muito mais: o salmista é principalmente um místico. Esse é seu distintivo mais eminente. O salmista, fundamentalmente, é um ser deslumbrado por Deus, atraído por um Deus percebido na criação de tal modo que o esplendor do mundo não é senão o manto de sua majestade, e a vida o seu sopro (Sl 104).

O salmista é um ser cativado por Deus, por um Deus que arrasta consigo a criação inteira e, por certo, também o salmista. Podemos imaginar os resultados: como em um torvelinho embriagador, a natureza, o homem e Deus dançam em uníssono, respiram um mesmo alento, vivem uma mesma vida. Dá para imaginar júbilo maior?

Bergson, referindo-se a essa experiência, diz: "Não é algo sensível e racional. É, implicitamente, as duas coisas. E é muito mais do que tudo isso; sua direção é a do impulso vital". É tal essa experiência que não se pode conceitualizá-la, e menos ainda verbalizá-la. Por isso, o salmista, depois de uma exclamação, tende a fechar a boca e ficar em silêncio; um silêncio certamente grávido da mais densa palpitação.

Pobreza e adoração

A palavra, portanto, é admiração, assombro. No fundo, o assombro é um desprendimento, um sair do centro de si mesmo, soltar-se das ataduras, apropriações e aderências com que o homem se prende a sua argola central e se enlaça com as criaturas. Só o assombro pode tirar o homem de seu isolamento egocêntrico, libertá-lo da autocomplacência e da autossuficiência. É preciso estar livre de si mesmo para poder admirar.

Como sempre, a questão é uma só: a pobreza. Pobre e livre: livre de si mesmo e de qualquer apropriação, não só para renunciar o possuir, mas também para liberar energias unitivas, adormecidas e em letargo, dando livre curso ao anelo de comunicação universal. Pobreza para cavar poços interiores, para abrir espaços livres para uma grande acolhida. A pobreza, em vez de estrangular as potencialidades afetivas e admirativas, abre-as em uma expansão de horizontes abertos.

Mas existe também um processo inverso: o homem da sociedade industrial se desgarrou da natureza e se colocou acima dela para explorá-la ao máximo através da técnica, monstro que desbarata a comunhão e favorece a dominação. Por esse caminho, a natureza vem a ser não só instrumento de poder mas também presa da avidez humana, dos que lutam pelo poder. E assim, em vez de harmonizar as relações humanas, a natureza as falsifica e prostitui. Por seu espírito de dominação e posse, o homem subjuga a natureza, explora-a de forma indiscriminada e sem misericórdia. Mas agora começou a compreender que a morte da natureza também é morte da humanidade.

Em uma experiência cósmica dos salmos, ao contrário, evapora-se o complexo de superioridade. O *senhor* homem desce do pedestal, não entra na criação como um dominador em seus territórios, mas como um amigo reverente e admirado, que estabelece relações afetivas e fraternas com todos os seres, porque esses seres trazem gravada em seu interior a imagem de Deus. Trata-se, portanto, de uma experiência de Deus, ampliada e aprofundada.

* * *

A adoração, por sua carga de assombro e admiração, e também pelo fato de fazer o homem esquecer-se de si mesmo e voltar-se para os outros, é a suprema libertação humana. Podemos dizer muito mais: não existe no mundo terapia psiquiátrica tão libertadora de obsessões e angústias como a adoração.

O motivo é simples: as ansiedades, os temores, as preocupações, e principalmente as obsessões, são efeito e fruto de o homem estar virado sobre si mesmo, amarrado e doentiamente grudado na imagem mentirosa de si mesmo. Se o homem cortar todas essas amarras e soltar ao vento as aves engaioladas e as energias retidas, agora seduzidas pelo Altíssimo, a vida torna-se uma festa de liberdade.

Por isso, nos Salmos 8 e 104 não aparece nenhuma referência ao salmista em si mesmo nem a seus inimigos. Absorvido pelo fulgor de Deus e da criação, esquecido de si, sem inquietudes nem medos, ele só fica com espaço e tempo para se lançar, com olhar maravilhado, em um movimento sem retorno, naquele que é o Único.

O adorador é um *pobre*, como todo pobre autêntico é um adorador. O salmista da criação deixa-se levar pelo impulso de cantar a Deus na criação porque está isento de toda intenção de possuir as criaturas. Renunciou a toda apropriação, e só a partir dessa renúncia é possível a elevação.

Ingenuidade e ternura

Estamos afirmando, a todo momento, que uma experiência cósmica dos salmos supõe uma purificação do olhar interior, numa espécie de círculo vicioso sadio: libertando-se de si mesmo e saltando para o Outro, o salmista fica livre de tudo. Esse banho no Infinito leva-o a medir sua estatura verdadeira. E uma visão objetiva e proporcionada obriga-o a reconhecer sua condição de criatura, dependente e contingente, o que, por sua vez, o dispõe para a adoração.

Pois bem, no assombro não deixa de existir uma boa dose de ingenuidade. Por isso, o assombro é um fenômeno humano específico das crianças. Quando o homem perde essa ingenuidade nas selvas da vida, podemos falar de uma perda irreparável. Poderíamos dizer que o salmista conserva uma alma despojada e transparente, que lhe permite ver Deus agindo prodigiosamente na criação.

Só com uma ingenuidade maravilhada, com uma espécie de encantamento, pode-se surpreender Deus ao "avançar nas asas do vento sobre o carro das nuvens", levando como "ministro o fogo chamejante". Só uma criança pode ver Deus "tirar o rio das nascentes", "regar os montes", "fazer brotar a erva para o gado", "dar a comida no tempo certo" aos animais selvagens, "repovoar a face da terra com o seu sopro", "traçar fronteiras nas águas". Da mesma maneira, só uma criança pode contemplar o Pai alimentando os pardais, vestindo as margaridas, regando com a chuva ou fecundando com o sol os campos dos justos e dos injustos.

Para tanta maravilha, há uma só condição: fazer-se criança. Mas já dissemos que é fácil perder essa "criança", e a perda é irreparável. Os conhecimentos científicos, e outros que pudermos ajuntar, podem extinguir o nosso candor para contemplar como Deus

sustenta os montes com sua força,
acalma o mar bravio e as ondas fortes,
visita a nossa terra com as chuvas,
e a transborda de fartura,
prepara o nosso trigo,
os seus sulcos com a chuva amolece,
abençoa as sementeiras,
coroa o ano todo com seus dons (Sl 65).

Ternura da vida! Dom divino que permite contemplar as fontes da vida em seu frescor original.

* * *

Mas não se pode separar essa contemplação deslumbrada do universo da vida profunda do salmista. Apesar de tudo, as raízes sempre estão mais para dentro, e também as fontes. Como Antônio Machado, que dizia: "Rochas de Soria, ides comigo", o salmista também poderia dizer: estrelas, mares e montanhas, estais no meu coração.

Em vez de dizer: na criação, Deus e o homem se encontram, poderíamos expressar mais exatamente dizendo: Deus, o homem e a natureza cantam em uníssono na minha mais profunda morada.

O Salmo 104 se abre e fecha com uma expressão da máxima interioridade, com o salmista dirigindo-se a si mesmo e falando no singular: "Bendize, minha alma, ao Senhor". Da última solidão de seu ser, da mais remota e sagrada latitude, o salmista surge com asas da admiração e, depois de percorrer montes, oceanos, rios e regiões, volta ao mesmo ponto de partida para coroar a peregrinação com as mesmas palavras: "Bendize, minha alma, ao Senhor".

Durante o percurso, desce frequentemente a seu recinto interior para celebrar, admirado e agradecido, o Rei da criação que, fundamentalmente, está em seu silêncio interior. "Como são grandes as tuas obras, Senhor!" No final, o salmista parece esquecer tantos seres radiantes que encheram seus olhos. As criaturas despertaram e evocaram o Senhor, mas, uma vez que o Evocado se fez presente, os elementos evocadores já não têm razão de ser e desaparecem. Fica só Deus. Nesse instante, o salmista se derrama em sua interioridade mais profunda para se propor com ternura e resolução:

Cantarei ao Senhor enquanto viver,
Tocarei para meu Deus enquanto existir;
que lhe seja agradável meu poema,
e eu me alegrarei no Senhor (Sl 104,33).

Definitivamente, o mistério sempre está dentro.

"Que é o homem!"

Os elementos que acabamos de estudar, o assombro, a interioridade e a comunhão cósmica, brilham com luzes próprias no Salmo 8, em que o salmista faz o mesmo itinerário do Salmo 104, a saber: salta lá de dentro de si mesmo, num arrebatamento de admiração ("Senhor, nosso Deus, como é admirável o teu nome em toda a terra!"). Percorre como um meteoro os céus e a terra e volta ao ponto de partida, fechando o glorioso périplo com a mesma estrofe, cheio de gratidão e admiração: "Senhor, nosso Deus..."

O pequeno salmo, mais que uma descrição, é uma contemplação do criado e do não criado, em que o salmista, com o coração aberto, distingue e indica uma escala hierárquica: Deus é o Rei, cuja "majestade se levanta acima dos céus", o homem é um reizinho sobre o trono da criação e a criatura é destinada a cantar a glória de Deus e servir o homem.

De entrada, o salmista tem pressa de pôr fora de combate os cegos e surdos que negam a luz do dia, os adversários de Deus. Diz-lhes, ridicularizando, que a majestade e o poder divinos estão tão à vista, são tão patentes e evidentes que até as crianças de peito, que só sabem mamar, podem ser testemunhas.

Depois o salmista vai adiante e entra nos versículos mais interessantes do salmo:

Quando contemplo os céus, obra de tuas mãos,
a lua e as estrelas que criaste,
que é o homem, para te lembrares dele,
o ser humano, para lhe dares poder?

Nesses dois versículos há uma formidável densidade vital: um olhar para fora e um olhar para dentro. Olhar global de que nasce a sabedoria, que é uma visão objetiva e proporcionada. Essa visão, por sua vez, surge espontaneamente quando o homem considera a grandeza do Altíssimo e sua própria pequenez. Não é preciso comparar, basta contemplar. Torna-se evidente sua condição de criatura, contingente e precária. Por isso, o salmo tem uma forte dimensão antropológica.

O salmista sai em uma noite estrelada e se sente aniquilado pela profundidade, mistério, silêncio e serena beleza do firmamento. Esse é o ponto de partida. Esmagado pelo espetáculo, que evoca Deus, começa a refletir: toda essa beleza não é senão a impressão digital de Deus, "obra de suas mãos" e, se é tão ardente o esplendor de suas obras, qual não será a formosura de seu Autor.

Profundamente sensibilizado, o salmista volta o olhar para si mesmo e descobre a insignificância do homem. Mas, em vez de ficar envergonhado ou triste por causa de sua pequenez, com simplicidade e tranquilidade deixa aberta uma interrogação que não chega a ser pergunta ou dúvida. Antes, é uma pasmada exclamação, feita de afirmação, interrogação, admiração: "Que é o homem, para te lembrares dele?"

Dir-se-ia que o salmista, em vez de ficar envergonhado de sua pequenez, fica feliz porque Deus é Deus, tão indiscutível, tão incomparável, tão único. E isso acontece porque, em vez de olhar apenas para sua insignificância, ele fica preso, extasiado, contemplando a beleza do Outro. É uma Páscoa. Aceitando que Deus é Deus, sendo "vencido" pelo peso da Glória, o salmista passa a participar da eterna juventude de Deus, de sua onipotência e plenitude.

Há mais uma coisa para destacar. No meio de todo esse deslumbramento, o salmista consegue saborear um vislumbre da ternura de Deus, ternura absolutamente gratuita porque o objetivo de sua predileção não é esse firmamento majestoso, mas o homem em sua pequenez: "[...] para te lembrares dele". "Lembrar" tem aqui um sentido muito concreto e muito humano. Se uma pessoa se lembra de outra quer dizer que a segunda já "vivia" no coração da primeira.

Apesar de sentir uma certa estranheza, para o salmista o homem é o predileto da criação.

* * *

A partir desse momento, o objeto único de contemplação no salmo é o homem, constituído por Deus como rei da criação. Ou melhor, como vice-rei ou lugar-tenente.

Depois que o homem nasceu das mãos de Deus, em um ambiente tão solene, foi colocado em uma região formosa e fértil, para cultivá-la e guardá-la. Vendo-o muito só, um belo dia o Senhor Deus apareceu na frente do homem com uma bizarra multidão de mamíferos e aves, para que tomasse posse de todos os seres viventes, em uma cerimônia de vassalagem. De fato, dando-lhes nome, foi assumindo e expressando seu senhorio e soberania sobre todos os animais da terra. É a essa cerimônia que fazem referência os versículos 6-9 do salmo.

Os versículos 6-7 são um broche de ouro que resume e contém tudo que a Bíblia diz sobre o homem:
Fizeste-o pouco inferior aos anjos,
coroaste-o de glória e dignidade;
deste-lhe o comando sobre as obras de tuas mãos,
tudo submeteste a seus pés.

Desde os primeiros dias da criação, o homem entra no cenário como um *senhor*, "coroado de glória e dignidade" (v. 6). Não é Deus, é "pouco menos que um deus" (v. 6). Sua dependência em relação a Deus não é vassalagem, mas uma relação de filho para pai.

Deus colocou em sua mão uma espada de fogo, de corte duplo: a liberdade, princípio de vida ou morte, fonte de grandeza ou de ruína. Porque era livre, o homem foi capaz de levantar a cabeça diante de Deus, tentando arrebatar-lhe o "título" de Deus. Mas sua maior categoria é sua identidade pessoal, o fato de ser *ele mesmo*, inalienável, único. É o que mais o aproxima de Deus. Diz a respeito Mestre Eckhart:

> *Ser homem, eu o tenho*
> *em comum com todos os homens;*
> *ver e ouvir, comer e beber*
> *eu partilho com todos os animais.*
> *Mas o que eu sou é exclusivamente meu,*
> *pertence a mim*
> *e a mais ninguém, a nenhum homem,*
> *nem a algum anjo, nem a Deus,*
> *a não ser enquanto sou um com Ele.*

A afirmação fundamental da Bíblia sobre a natureza do homem é que ele foi feito à imagem de Deus. Por isso, de alguma forma, ele carrega em potência os atributos de Deus. De alguma forma, suas medidas são as medidas de Deus: um poço infinito. Por isso, infinitos finitos não o podem saciar. É, por isso, eternamente insatisfeito, irremediavelmente caminhante, como Abraão, como Israel, como Ulisses. E, sabendo ou não, peregrino do Absoluto.

É por isso também que o salmo termina e é coroado no Pico: "Senhor, Deus nosso, como é admirável o teu nome em toda a terra!" O Salmo 8, e em geral os salmos da criação, como o 19, 64, 92, 97 e outros, partem de Deus, percorrem os céus e a terra, atravessam o território do homem e acabam em Deus, fonte original e meta final.

VI
Viagem ao interior

Salmo 139(138)

No Salmo 139, ao contrário do que acontece nos salmos da criação, o salmista mergulha no mar do mistério interior e, até o fim, não emerge em nenhum momento. Mesmo então, é para disparar dardos envenenados contra os inimigos, não seus, mas os de Deus.

Quanto à beleza, este salmo é uma obra de arte. Por um lado, chama a atenção sua carga de introspecção que chega a profundidades definitivas. Por outro lado, tem uma altíssima inspiração poética que percorre sua estrutura, do primeiro ao último versículo, com metáforas brilhantes e com audácias que nos deixam admirados.

Perdido em suas águas profundas, paradoxalmente, o centro da atenção do salmista não é ele mesmo, mas Deus.

Apesar de fazer imaginariamente um percurso espetacular – do abismo ao firmamento (v. 8), e até a "margem da aurora", até o "confim do mar" (v. 9), apesar de que, sem nunca se deterem, movem-se no cenário as duas pessoas – o salmista nunca põe a atenção em si mesmo. A focalização é sempre sobre o TU. É surpreendente. Diríamos que o salmista coloca seu observatório não no alto de uma colina mas em sua interioridade mais profunda. Focaliza em Deus seu telescópio contemplativo e obtém a visão mais profunda e original que se possa imaginar sobre o mistério essencial de Deus e do homem.

Salmo de contemplação

Especificamente falando, é um salmo contemplativo. Isto é, sua natureza se encaixa perfeitamente na oração de contemplação propriamente dita.

A observação da vida me ensinou o seguinte: há pessoas que, quando oram, têm como interlocutor (não necessariamente através de um diálogo de palavras, mas de interioridades) Jesus Cristo. Em outras palavras, quando oram falam com o Senhor Jesus. Outras pessoas, quando oram, "sentem-se bem" falando com o Pai, experimentando seu amor.

Mas há outras pessoas para quem o interlocutor na oração não é Jesus Cristo nem o Pai, mas Ele, simplesmente Ele, justamente Ele, sem denominação, sem concretez, sem figura; é a totalidade, a imensidão, a eternidade. Mas não uma realidade vaga ou inconcreta, e sim *Alguém* concretíssimo, personalíssimo, carinhoso, que não está – e está – perto, longe, dentro, fora, ou melhor, *não está* em parte nenhuma. É: abarca, compreende e ultrapassa todo espaço, todo tempo, além e aquém de tudo.

Toda forma ou figura desaparece. Deus é despojado, silenciado de tudo que indique *localidade*. Não sobra mais nada senão a *presença* (para usar o termo mais aproximativo; o que a Bíblia chama de "rosto"), a presença pura e essencial, que me envolve, me compenetra, me sustém, me ama, me recreia, me liberta. Simplesmente, *ELE É*. Para falar de alguma maneira, diríamos que se poderiam queimar todos os livros escritos sobre Deus, já que todas as palavras referentes a Deus são ambíguas, inexatas, analógicas, equívocas. A única coisa exata, segura, a única que sobra é esta: *ELE É*. Não há *nome*, mas *pronome*. E o único verbo adequado é o verbo *ser*. O resto não passa de aproximações ocas.

Pois bem. Poderíamos dizer, sempre falando imperfeitamente, que esse é o Deus do Salmo 139, e que as pessoas que se relacionam *simplesmente com Ele* têm tendência, pelo menos tendência, para a oração de contemplação propriamente dita. E que, para essas pessoas, mas não só para elas, o Salmo 139 é o prato apropriado.

* * *

Por tudo que dissemos, o lugar ideal para rezar este salmo, em certo sentido, não seria a capela, porque ali a presença de Deus é sacramental, está localizada; nem um ambiente natural, deslumbrante de beleza, porque as criaturas poderiam desviar a atenção, mas um quarto onde nada nos possa distrair.

Para penetrar no núcleo do salmo e rezá-lo com fruto convém começar por se tranquilizar, sossegar os nervos, descarregar as tensões abstrair dos clamores exteriores e interiores, cortar lembranças e preocupações e, assim, ir alcançando um silêncio interior, de tal maneira que o contemplador perceba que não há nada fora dele, nada dentro dele. E que só resta uma presença de si mesmo para si mesmo, isto é, uma atenção purificada pelo silêncio.

Esse é o momento de se abrir para o mundo da fé, para a presença viva e concreta do Senhor, e é neste momento que o texto do Salmo 139 pode ser um apoio precioso para entrar em uma oração de contemplação.

Nossas fontes estão em Ti

Os vestígios da criação, as reflexões comunitárias, as orações vocais podem fazer presente o Senhor. Mas, se me permitem a expressão, são "partículas" de Deus. As criaturas podem evocar o Senhor: uma noite estrelada, uma montanha coberta de neve, um amanhecer ardente, o horizonte recortado em um fundo azul podem "dar-nos" Deus, podem despertá-lo em nós, mas não são o *próprio Deus*, são apenas evocadores, despertadores de Deus.

E a alma verdadeiramente sedenta não se conforma com os "mensageiros", como diz São João da Cruz: "Não queiras enviar-me, a partir de hoje, mais nenhum mensageiro, que não saiba dizer o que quero". E comenta o místico castelhano: "Como se vê, não há nada que possa curar sua dolência a não ser a presença [...] pede que lhe dê a posse de sua presença". Para além dos vestígios da criação e das águas que descem cantando, a alma busca o próprio manancial, o próprio Deus, que está sempre além das evocações, dos conceitos e das palavras.

Para penetrar no santuário do Salmo 139, o homem deve ter presente que Deus não só é seu criador, não só está objetivamente presente em seu ser inteiro, quando comunica existência e consistência, mas também é Ele que o sustém, não como uma mãe que leva a criança no seio, mas em uma dimensão muito mais profunda, diferente. Deus o penetra e mantém de verdade em seu ser.

Apesar dessa estreita vinculação entre Deus e o homem, não há simbiose nem identidade alguma. A presença divina é uma realidade que o salmista verbaliza com uma expressão altamente poética: "Todas as nossas fontes estão em Ti" (Sl 87).

A sós

Poderíamos afirmar que, na estrutura do Salmo 139, o encontro com Deus se consuma *a sós*. No fundo, qualquer encontro, tanto em nível divino como humano, se realiza *a sós*, em seu sentido original e profundo. Na realidade, a expressão portuguesa *a sós* significa uma convergência de duas solidões, já que a essência radical da pessoa, divina ou humana, é ser *solidão* ou *mesmidade*.

E essas duas solidões, em nosso caso, são as seguintes: por um lado, é necessário acalmar todo nervosismo e toda turbulência interior até perceber, em pleno silêncio, minha *identidade pessoal*, minha *solidão*; por outro lado, é preciso ultrapassar o bosque de imagens e conceitos com que revestimos Deus e ficar na pureza total da fé, com o *mesmíssimo* Deus, *Ele próprio*, sua "solidão". Para esse processo de purificação, o Salmo 139 é um instrumento fora de série.

O ser humano, entre seus diferentes níveis de interioridade, percebe, em si mesmo, algo como uma *última morada* onde, segundo o concílio, ninguém pode estar presente, a não ser Aquele que não "ocupa" espaço, justamente porque essa última morada não é, exatamente, um *lugar*. Diz o concílio: "A essas profundidades de si mesmo volta o homem quando entra dentro de seu coração, onde Deus o espera" (GS 14).

Trata-se, portanto, do "núcleo mais secreto, sacrário do homem, onde ele se sente *a sós* com Deus, cuja voz ressoa no recinto mais íntimo dele" (GS 14). É a essa zona interior que deverá descer o homem para uma vivência autêntica e forte do Salmo 139.

Passo a passo

Nos primeiros seis versículos, em um impulso de luz e fantasia, e com um cacho de metáforas, o salmista percebe a onipotência e onisciência de Deus que envolvem e abrigam o homem, como uma luz, por dentro e por fora, de longe e de perto, no movimento e na quietude, no silêncio e na escuridão. No versículo 6, o salmista fica pasmado, quase esmagado, por tanto conhecimento e presença, que o transbordam e transcendem definitivamente.

Nos versículos 7-12, a inspiração chega a alturas muito mais elevadas. O salmista dá asas à fantasia e imagina situações inverossímeis, de afastamento e fuga, voando em asas de luz ou cobrindo-se com um negro manto emprestado à noite, para se ocultar desse perseguidor incansável, retomar fôlego, mas... inútil! É impossível!

Vencido diante de tão tenaz assédio e convencido da inutilidade de qualquer tentativa de fuga, o salmista desce ao abismo final de seu mistério (v. 13-16), descobrindo aí que Deus está presente por sua ação até mesmo no óvulo materno e que, Ele mesmo, com mãos delicadas, teceu-o desde as células mais primitivas até a complexidade do cérebro. Não é apenas seu criador, é seu pai e, muito mais, é sua mãe. Como poderá desconhecer seus passos e seus dias se o acompanha desde o seio materno!

No versículo 17, já não aguentando mais, comovido por tão grande prodígio, o salmista prorrompe extasiado em uma série de exclamações: "Como são incomparáveis os teus desígnios, meu Deus, como é imenso o seu conjunto!" Se, arrastado pela admiração ou pela curiosidade, o homem começasse a contar uma por uma as maravilhas de suas mãos, não conseguiria. São mais do que as areias da praia. Mas, numa hipótese impossível, se o homem chegasse a transformar um possível em impossível, e acabasse enumerando os prodígios da criação, justamente então ele se encontraria com o mistério supremo de Deus, desmedido, não abraçável, infinito.

Os ciúmes

Nesse momento, abruptamente, como se saísse de um paraíso de paz e entrasse num campo de batalha, o salmista saca seu arcabuz, abre fogo e começa a disparar por todos os lados:

Meu Deus, se matasses o malvado...
Então eu não vou odiar quem te odeia?
Não vou ser contra os que se rebelam contra ti?
Eu os odeio com ódio implacável,
são meus inimigos.

Como se entende essa mudança brutal? Que sentido pode ter essa tempestade de violência que desaba tão fora de tempo? Como é possível essa linguagem de ódio depois de tanta sublimidade?

Precisamos esclarecer diversos pontos. Em primeiro lugar, não se trata de uma perturbação provocada pela presença de velhos rivais. Não é o ódio de uma pessoa contra outra, nem uma conspiração de vingança para ajustar contas antigas.

Não se trata dos inimigos do homem, mas de Deus. Trata-se dos eternos "assassinos" que só abrem a boca para proferir "perfidamente" blasfêmias e ofensas contra o Deus de Israel. São os insensatos de sempre que não param de desafiar os céus, e "se rebelam em vão" contra o Senhor. Por isso, a fúria repentina do salmista é dirigida contra essa turba de néscios. Trata-se exatamente daquele sentimento de que a Bíblia tanto fala: os *ciúmes* ou zelo pela honra de Deus.

Com os olhos ainda cheios da glória de Deus, contrastando a sublimidade do Altíssimo com a abjeção dos blasfemos, o salmista sente tal indignação e repugnância que não consegue se controlar diante desses "assassinos", comparando a injustiça e monstruosidade de sua atitude com a justiça e santidade de Deus. Por isso usa expressões do mais grosso calibre para desqualificá-los. Lembremos as palavras do Salmo 69: "O zelo de tua casa me devora".

* * *

Moisés desceu do monte com as Tábuas da Lei nas mãos. Durante sua longa ausência, o povo tinha fundido um bezerro de ouro. Agora, estava cantando e dançando ao redor da estátua. Quando Moisés viu o bezerro e o povo dançando, "ardeu em ira, jogou as Tábuas e as fez em cacos ao pé da montanha. Depois, pegou, moeu e queimou o bezerro até reduzi-lo a pó, que pôs na água e deu de beber aos filhos de Israel" (Ex 32,15-21).

Elias, no cume do Carmelo, disse ao povo: somente eu sobrei como profeta de Deus, enquanto os profetas de Baal são quatrocentos e cinquenta. E desafiou a todos eles diante do povo, em uma competição original, para demonstrar qual era o verdadeiro Deus. Tendo vencido a contenda, Elias fez o povo agarrar os profetas de Baal "sem deixar escapar nenhum deles", mandando jogá-los no fundo da torrente Cison. Ardendo em santa ira, mandou degolar todos, um por um (1Rs 18,30-40).

Matatias, o pai dos Macabeus, vestiu-se de saco e se entregou a uma dor profunda quando viu a cidade santa nas mãos dos estrangeiros, e o santuário em poder de estranhos. Um belo dia, ao ser convocado o povo de Modin pelos encarregados de impor a apostasia, e quando um israelita foi sacrificar no altar pagão diante de todos, Matatias "inflamou-se de zelo e suas entranhas estremeceram". "Aceso de cólera, correu ao israelita e o degolou sobre o altar. Matou também o enviado do rei que o obrigava a sacrificar, e destruiu o altar" (1Mc 2,19-26). Foi esse zelo pela glória de Deus que ateou as heroicas e gloriosas guerras dos Macabeus.

Foi esse mesmo zelo que fez com que Jesus, no tempo da Páscoa, armasse um escândalo sem tamanho na primeira plataforma do templo de Salomão, reconstruído por Herodes. De fato, esse lugar sagrado tinha sido literalmente ocupado pelos vendedores de bois e ovelhas. Estavam lá também os cambistas bem instalados em suas mesas. Vendo isso, Jesus se acendeu de sagrada indignação, por causa da santidade do recinto. Empunhou um chicote de cordas e varreu com tudo, homens e animais, expulsando-os violentamente do recinto sagrado. Virou as mesas dos cambistas e seu dinheiro rolou pelo chão. Clamou: "estão fazendo da casa de meu Pai um sórdido mercado" (Jo 2,13-17). Foi uma reação típica de um profeta que, por certo, desencadeou o desenlace final.

Nesse contexto, são mais compreensíveis as diatribes dos salmistas. Quis expor com certa amplitude esse aspecto, que escandaliza tantas pessoas e as impede de saborear os salmos, para que o leitor consiga compreender e se situar no verdadeiro contexto, quando, nos salmos, aparecem os anátemas, que, geralmente, mas nem sempre, são dirigidos contra os inimigos de Deus.

Estás comigo

Acho que a melhor maneira de comentar certos fragmentos dos salmos consiste em colocar-se na mesma situação do salmista, em sua forma dialogal, e expor o pensamento em outras palavras. Penso que é o que mais pode ajudar o leitor, não só para entender o salmo mas também para rezá-lo com proveito.

V. 1-6. Tu me perscrutas e me conheces. Tu me penetras, me envolves e amas. Tu me circundas, inundas e transfiguras. Estás comigo. Se saio à rua, vens comigo. Se me sento no escritório, ficas ao meu lado. Enquanto durmo, velas meu sono, como a mãe mais solícita. Quando percorro os atalhos da vida, caminhas ao meu lado. Quando me levanto, me sento ou me deito, teus olhos veem minhas ações.

Não há distância que possa separar-me de Ti. Não há escuridão que te oculte. Mas não és nenhum detetive vigiando meus passos, és o Pai terno que cuida das andanças de seus filhos. Quando tenho a sensação de ser uma criança perdida nas montanhas, Tu me gritas como o profeta: estou aqui, estou contigo, não tenhas medo. Tu me envolves com teus braços, porque és poder e carinho, porque és meu Deus e meu Pai, e na palma de tua direita tens o meu nome escrito, em sinal de predileção. Onde quer que eu vá, estás comigo.

Estás substancialmente presente em todo o meu ser. Tu me comunicas a existência e consistência. És a essência de minha existência. Em Ti existo, me movimento e sou. És o fundamento fundante de minha realidade, minha consistência única e minha fortaleza. A palavra ainda não chegou à minha boca, meu cérebro ainda não elaborou um único pensamento, meu coração ainda não concebeu nenhum projeto, e tudo já é familiar e conhecido para Ti: pensamentos, palavras, intenções, projetos. Sabes perfeitamente o termo de meus dias e as fronteiras de meus sonhos. Onde quer que eu esteja, Tu estás. Onde quer que Tu estejas, eu estou. Por isso, sou filho da imensidão.

Abraças-me por trás, pela frente, cobres-me com a palma da tua destra. Estás em volta de mim; eu estou em volta de Ti. Estás dentro de mim, estou dentro de Ti. Com tua presença ativa e santificante, atinges as zonas mais afastadas de minha intimidade. Quase que és mais "eu" do que eu mesmo. És aquela realidade total e totalizante dentro da qual estou totalmente submerso.

Meu Deus, Tu me transbordas, me ultrapassas, me transcendes definitivamente! Como tinha razão quem disse que o essencial é sempre invisível aos olhos! És verdadeiramente sublime, acima de tudo que se possa pensar. Meu Deus, quem é como Tu? Ó presença sempre escura e sempre clara! És aquele mistério fascinante que, como um abismo, arrastas minhas aspirações em uma vertigem sagrada, acalmas minhas quimeras e domas as tempestades de meu espírito. Quem como Tu?

* * *

V. 7-11. Como poderia escapar de tua presença? Para onde poderia fugir para escapar de teu sopro? Como evitar teu olhar? Se eu fosse uma águia invencível e escalasse as cristas altíssimas, coroadas de neve, para fugir de tua presença; se, nas asas de um sonho mágico, alcançasse a estrela mais distante da galáxia mais longínqua para escapar de teu olhar, tudo seria inútil! Onde quer que eu esteja, Tu estás. Mais uma vez, sou filho da imensidão.

Se eu fosse um golfinho de águas profundas e, em mergulho vertical, submergisse até os abismos completamente escuros, ou conseguisse penetrar na caverna mais profunda da terra, também lá me tomarias pela mão, para me dizer: és filho de meu amor, sombra bendita de minha eterna substância. Não há pedra no fundo do rio nem peixe no mar que estejam tão cercados de água como eu estou de Ti. Não há ave no céu que esteja tão cercada de ar como eu estou de Ti.

Não posso escapar de teu olhar. Estás comigo. Se, num impulso de loucura, pedisse as asas da luz, que percorre trezentos mil quilômetros por segundo, e voasse até os confins do mundo, até lá me tomaria tua mão direita para me dizer: aqui estou, estou contigo. Se, arrebatado por total insânia, pedisse emprestadas às trevas suas asas escuras, ou à noite um manto escuro para me cobrir e te desorientar, caçador divino, tudo seria inútil. Tua presença e fulgor perfuram e transfiguram as sombras, transformando a noite em meio-dia. Onde quer que eu vá, estás comigo.

* * *

V. *13-16.* Tu criaste minhas entranhas. Estavas presente no seio de minha mãe desde minha primeira divisão celular. E não só estavas. Tu puseste em movimento minha existência desde o ponto de partida, e foste acompanhando minha evolução com olhar atento e carinhoso. Meus pais terrenos foram simples instrumentos passivos. Tu és meu verdadeiro pai e minha mãe.

"Particularmente admirável e digna de toda recordação foi aquela mãe que, ao ver morrer seus sete filhos no espaço de um dia [...] animava cada um deles dizendo: Não sei como apareceste em minhas entranhas, não fui eu quem te deu o espírito e a vida, nem organizei os elementos de cada um" (2Mc 7,20-23). Como se dissesse: Não sou tua mãe. Um artista conhece a natureza da obra de suas mãos, mas eu não sei como funciona o fígado ou qual a estrutura do cérebro. Eu não os fabriquei, alguém os fabricou dentro de mim. Por isso, Deus é tua mãe, e agora vamos morrer por Ele.

Eu te agradeço e te glorifico por me teres feito desta maneira, por me teres criado tão portentosamente, por teres feito de mim um prodígio de sabedoria e de arte. Apesar de tudo, apesar de meus muitos defeitos, limitações e fragilidades, sou uma maravilha de tuas mãos. E se todas as tuas obras são maravilhosas, a maravilha maior entre todas as tuas maravilhas sou eu. Louvo-te e te exalto por esta obra de tuas mãos, que sou eu.

Por isso me conhecias desde sempre, até o fundo de minha alma. Conhecias os meus ossos, um por um.

Quando eu estava sendo formado no seio de minha mãe, teus olhos viam minhas ações, todos os meus atos estavam anotados em teu livro. Antes que um só de meus dias existisse, já estavam todos anotados no livro de minha vida.

V. 17-18. Como é fantástico tudo isso, meu Deus! Como são incomparáveis teus desígnios e tuas obras! Senhor, Senhor, como é imenso o conjunto de tuas maravilhas! Quem é como Tu! Se eu me deixasse levar por uma ideia maluca e começasse a contar todas as obras de tuas mãos, como são inumeráveis! Se se ajuntassem todas as estrelas do firmamento com todos os grãos de areia dos desertos e das praias, seriam um número reduzido em comparação com as tuas obras. E, se fosse possível e eu conseguisse medir, pesar e contar teus portentos, ainda estaríamos no começo, porque ainda me sobrarias Tu, que és o Mistério Total.

V. 23-24. Senhor, Senhor, humilho minha cabeça e me submeto a teu juízo. Abro meus livros e minhas contas, meus rins e meus ossos. Entra dentro de mim, instaura o tribunal, averigua, esquadrinha, julga.

Não permitas que meus pés deem um passo em falso. Já que és meu pai e minha mãe, não me soltes de tuas mãos. Toma-me, conduze-me firmemente todos os dias de minha vida pelo caminho da sabedoria e da eternidade.

VII
As misericórdias do Senhor

Salmo 51(50)

Para Muita gente, ainda hoje, o Salmo 51 É uma música de tom menor, composta de melodias tristes e ecos sombrios. Durante muitos séculos tinha sido o salmo típico dos tempos penitenciais, dos dias de jejum e abstinência. O salmo *Miserere* – cantado, em reto tom ou simplesmente rezado, seguramente com um ar sempre arrastado – acompanhava invariavelmente os defuntos à sepultura.

Por essa associação de lembranças, em razão da pressão do passado sobre o presente, para muitas pessoas o *Miserere* ainda arrasta consigo asas de morte, iras divinas, sombras ameaçadoras, alguma coisa parecida com depressão e abatimento. Para muita gente é um salmo triste, o salmo escuro da culpa e do pecado. Apesar disso, como veremos, é bem o contrário.

Tudo isso me faz lembrar o caso dessas preciosas ermidas românicas de pedra bruta, em cujas paredes, querendo embelezar, passaram, séculos mais tarde, um revestimento de cal. Está na hora de limpar esse revestimento para que brilhe a face original da ermida. O Salmo 51 também precisa de um rejuvenescimento enérgico para lhe arrancar as escamas postiças, para que o vento leve os ecos sombrios, e apareça à vista de todos o salmo como é na realidade: o *grande salmo das misericórdias do Senhor.*

São muitas as pessoas que estão precisando fazer essa limpeza para redescobrir suas entranhas de misericórdia.

* * *

Contra essa impressão generalizada, de que é um salmo sombrio, podemos afirmar de entrada que, entre os 150 salmos, não vamos encontrar outro com tanta profundidade, beleza e consolação. Da primeira à última palavra, um binômio maravilhosamente evangélico percorre suas entranhas: *confiança-humildade*. Esse binômio é como um rio de vida que atravessa o salmo de ponta a ponta, cobrindo tudo de vida e esperança.

Se substituirmos em seus versículos a palavra *Deus* pela palavra *Pai*, chegaremos ao próprio coração do Evangelho, junto às grandes parábolas da misericórdia do Senhor, no próprio capítulo 15 de São Lucas. É o mais evangélico dos 150 salmos. Mais, a gente se surpreende ao descobrir um salmo tão evangélico escrito tantos séculos antes.

Apesar de aparecer tantas vezes o conceito e a palavra *pecado* (ou seu equivalente: culpa, iniquidade), principalmente nos primeiros versículos, simultânea e paralelamente levanta-se a misericórdia de Deus como uma realidade muito mais sólida e visível. Se o pecado for alto como uma montanha, a misericórdia do Altíssimo ultrapassa a cordilheira mais elevada.

Complexos de culpa

Apesar de sentirmos ao longo do salmo a pertinaz e obsessiva presença do pecado, jamais soa o mais longínquo eco dos complexos de culpa. Em nenhum momento percebemos os sentimentos de culpa rondando os muros do salmista. Jamais o vemos cair no remoinho da autopunição.

Uma coisa é a humildade, outra é a humilhação. A humildade é filha de Deus e a humilhação é filha do orgulho. A humildade é uma atitude positiva, a humilhação é autodestrutiva. No fundo dos complexos de culpa levanta-se incessantemente o binômio de morte: *vergonha-tristeza*. De fato, em última análise, os complexos de culpa se reduzem a esses dois sentimentos combinados.

No fundo desses complexos agita-se um sentimento de vingança contra si mesmo: a pessoa irrita-se consigo mesma porque se acha *pouca coisa*. Indigna-se e fica com raiva por ser assim, incapaz de agir segundo os critérios de Deus e da razão, segundo os cânones de um ideal. Humilha-se, vive atormentando a si mesma porque não aceita suas limitações e impotências, envergonhada e triste por ser tão pouco, tão impotente para agir segundo os princípios da retidão. É provável que em última análise a mãe que dá à luz esses sentimentos seja o *complexo de onipotência*, ferido e derrotado por ver que não consegue voar pelas alturas do ideal e da santidade.

Esses sentimentos foram cultivados deliberadamente em nós, como se nos dissessem: você tem que se humilhar, castigar, envergonhar, arrepender-se, porque é um miserável, um rebelde que não merece misericórdia... É claro que não se diziam essas palavras, mas, no fundo, era um convite tácito para arrojar-se contra si mesmo por ser pecador. O pecador merecia castigo e, antes de ser castigado por Deus, era preferível que castigasse a si mesmo, psicologicamente. Quando a pessoa se castigava (através dos sentimentos de culpa) tinha a impressão de que estava satisfazendo a justiça de Deus e aplacando sua ira. Era preciso fazer penitência para merecer a misericórdia divina, esquecendo-se de que, mesmo que se faça penitência até o fim do mundo, a misericórdia não se merece, *se recebe*.

Desde que brotou em nós o uso da razão, esses conceitos nos foram de tal maneira inculcados que chegaram a constituir como que uma segunda natureza, influenciando as mais profundas camadas do inconsciente.

* * *

Assim fomos colocando em nossa cabeça uma coroa de hostilidade. E toda essa obra demolidora era feita em nome de Deus, crendo que, com essa autopunição psicológica, se oferecia a Deus um sacrifício agradável, que satisfazia sua ira e seus impulsos de vingança. Mas não eram, nem são, coisa agradável a Deus. Pelo contrário, trata-se do lado mais negativo do coração humano, dos fundos sadomasoquistas, dos instintos autodestrutivos, não muito longe da necrofilia e aparentados com o instinto de morte.

No fundo de todos esses complexos de culpa, deliberadamente inculcados e cultivados, na base dessa atitude autodestrutiva, está uma teologia profundamente desenfocada, e isso é o mais grave. Satisfazer a justiça divina e acalmar os impulsos vingativos de Deus? Que Deus? Um Deus vingativo, sanguinário e cruel? De onde saiu esse Deus? Um Deus a quem é preciso aplacar com penitências e castigos mentais contra si mesmo? De que montanha, de que selva saiu esse Deus? Do Sinai? O verdadeiro Deus nunca foi vingativo. Os homens é que projetaram em Deus seus baixos impulsos.

De qualquer jeito, nem Moisés nem os profetas têm a última palavra para nos dizer *quem* e *como* é Deus. O único que conhece Deus *por dentro* é Jesus. Ele é o único que vem de Deus, só Ele tem autoridade moral e categoria de testemunha para dizer-nos quem e como é Deus.

E encontramos Jesus nos evangelhos inventando historinhas, comparações e parábolas para dizer-nos que, afinal de contas, Deus não é nada do que nos meteram na cabeça, mas, muito pelo contrário, é ternura e carinho, perdão incondicional, amor eterno e gratuito; que Deus é como o *Papai* mais querido e que mais ama a terra; que, para Ele, perdoar é uma festa, e que os mais frágeis e quebradiços, os que têm a história mais infeliz no terreno moral e os últimos, esses são os que têm as preferências do *Papai* Deus.

Às vezes penso que atraiçoamos o Senhor Jesus, que não foi outra coisa neste mundo a não ser o *Missionário da Misericórdia*, que deixamos de lado sua mensagem central do *Abba* ficando com o Deus do Sinai.

Também penso que continuamos em nossas fragilidades porque estamos fechados e presos em um círculo vicioso: com esses complexos de culpa bloqueamos o amor de Deus, não nos deixamos amar; e, não nos deixando amar, não provando seu amor, continuamos em nossas fragilidades porque, no fim, a única força transformadora do mundo é o amor.

O Evangelho é uma *alegre novidade*, uma feliz notícia, e nós transformamos o cristianismo em um código de culpas, em uma religião obsessiva e triste, deixando de lado as insistências comoventes de Jesus sobre a ternura de Deus. Vezes sem conta, constatamos com dor no coração que uma das fontes mais importantes da angústia e tristeza para as pessoas piedosas são os sentimentos de culpa, cultivados esmeradamente como se fossem sacrifícios de suave perfume para Deus.

Naturalmente, fazendo-se essas pessoas inimigas de si mesmas devido a esses complexos, podemos supor o que elas serão em seu relacionamento fraterno: inimigas umas das outras. Assim, devendo as comunidades religiosos ser oásis de harmonia, frequentemente deixam de sê-lo, entre outras razões, por causa da transferência de inimizades incubadas em si mesmos, contra si mesmos.

As estatísticas mundiais sobre a depressão dizem que um dos grupos sociais de mais alto índice depressivo é o dos cristãos piedosos, devido ao cultivo do complexo de culpa.

Chegou a hora de crer no Amor, de superar as fragilidades não por uma culpa repressiva, mas pela dinâmica transformadora do Amor, e em nome daquela revelação central de Jesus a respeito do amor eterno e gratuito de Deus Pai para com cada um de nós. Vamos nos entristecer? De nada. Envergonhar? De nada. Humilhar? Por nada. Então, que vamos fazer? Como nos dirá admiravelmente o Salmo 51, *reconhecer* com humildade e confiança nossa radical impotência, não nos fixando obsessivamente em nossa condição de pecadores mas na condição misericordiosa e compreensiva de Deus, em seu amor e ternura nunca desmentidos.

Linhas teológicas

Por outro lado, as grandes linhas teológicas da Bíblia, tanto do Antigo como do Novo Testamento, atravessam o interior do Salmo 51 com os seguintes *itens*:

1. "Fui constituído em pecado desde o seio de minha mãe" (v. 7). O homem, essa pura contingência, quando começa a descer em espiral para suas últimas camadas, encontra-se, quase de entrada, com essa sombra que cobre seus horizontes: o pecado. Já ao dar os primeiros passos pelas sendas da história, os pés do homem ficaram presos, paralisando sua marcha para a liberdade.

O pecado! A incapacidade do homem de agir segundo os princípios da razão e da vontade de Deus: faz o que não quer e deixa de fazer o que gostaria. Diz: Procuro ser humilde há trinta anos, e não consigo! Quisera perdoar, mas não posso! Lutei durante quarenta anos para diminuir tal traço negativo de minha personalidade pela oração e pelos sacramentos, e o defeito continua vivo como sempre, vencendo-me ao menor descuido. É a lei do pecado, que move por baixo as molas e mecanismos, deixando a liberdade amarrada, sem autonomia.

Essa lei do pecado, em linguagem de hoje, equivale aos traços negativos da personalidade, gravados bioquimicamente na fronteira final do ser, nos componentes últimos da célula, chamados *genes*. Aí estão "escritos" os traços fundamentais, tanto positivos como negativos, que conformam essa realidade inalienável e única que chamamos pessoa, indivíduo.

Esses traços negativos (como: rancor, irascibilidade, hipersensualidade, timidez, obsessão, reações primárias, compulsividade...) dominam a conduta do homem, fazendo o que não quer e comportando-se de maneira contrária ao seu desejo e esforço. Pois bem, se o homem faz o que não quer, onde está a liberdade? A liberdade existe, naturalmente, mas em certas zonas da personalidade pode estar condicionada, em outras amarrada e, em outras, até anulada. Por isso Paulo diz: "Faço o que não quero".

O pecado! Não é uma pessoa, nem um ser. Simplesmente é a incapacidade de caminhar pelos caminhos do amor, porque a liberdade ficou presa nos laços do egoísmo e porque todos os fios condutores encaminham o homem para o centro de si mesmo: "Fui constituído em pecado desde o seio de minha mãe".

2. Portanto, são as raízes que estão feridas de morte. Pois bem: até lá não pode descer nenhuma mão libertadora. As psicoterapias, por exemplo, agem e só funcionam à flor da pele.

A profundidades tão definitivas só pode chegar Aquele que desce até a *última solidão do ser*: Deus. Só Deus pode tornar-se presente nas raízes. Só Aquele que me estruturou pode me reestruturar. Só Deus pode ser meu Salvador.

3. O terceiro *item* teológico, a partir dos princípios anteriores, é: se só Deus pode ser meu salvador, se eu sou impotência e Ele é onipotência, se eu sou fragilidade e Ele é misericórdia, a salvação consiste em sair de mim mesmo com asas de confiança, transformar-me em um pouquinho de barro e colocar-se humilde e submisso em suas mãos. Depois, repetir incessantemente: "Lava-me" (v. 9), "purifica-me" (v. 4), "limpa-me" (v. 3), "cria em mim um coração novo" (v. 12). A isto reduz-se o Salmo 51: não ficar olhando absorto meus negros abismos, mas os espaços infinitos da misericórdia.

Humildade-confiança

Aqui está a *alma* do Salmo 51. Diante daquele binômio de morte (vergonha-tristeza), o Salmo 51 levanta bem alto o binômio da vida: humildade-confiança. Aqui está a salvação e a vida, abrem-se diante de nossos olhos céus azuis e noites estreladas. A salvação está às portas.

O salmista irrompe no cenário, quase precipitadamente, levantando alto a bandeira da humildade-confiança, implorando e apelando para a misericórdia eterna. Em uma atitude de êxodo, o salmista, em vez de se deter chorando as misérias, sobe até o próprio cume da essência divina, sua "bondade", sua "imensa compaixão", em uma concentração interior feita de intimidade, confiança, ternura e humildade: "Misericórdia, meu Deus, por tua bondade; por tua imensa compaixão apaga minha culpa" (v. 3). Esse é o acorde que dá o tom (e tom maior) a toda a sinfonia do salmo. O salmista não apela para suas penitências, lágrimas ou torturas mentais, mas para a "imensa compaixão" divina. A fonte da confiança está na "tua bondade".

Um sentimento poderoso e estimulante, e que jamais se ausenta, sentimento feito invariavelmente de confiança-humildade, apresenta-se monotonamente, persistentemente, ao longo do salmo: "Lava completamente meu delito; limpa completamente meu pecado" (v. 4).

Depois de abrir um parêntesis nos versículos 5-8, em que o salmista realiza uma serena e severa autocrítica, a partir do versículo 9, o autor sagrado volta à carga: com o apoio de metáforas, variadas e coloridas, em que o salmista toma sempre uma atitude "passiva", *Tu em mim*, implora a ação salvadora de sua onipotência sobre a própria impotência.

* * *

Derrama sobre mim, meu Deus, as águas de todas as fontes sagradas para que eu fique puro como uma criança recém-nascida. Insisto: não te canses, mergulha-me outra vez nas águas purificadoras de tua misericórdia, lava-me uma porção de vezes, e verás como minha alma fica mais branca do que a neve das montanhas (v. 9).

Desperta em mim, meu Deus, todas as harpas da alegria; toca as cordas do gozo em minhas entranhas mais íntimas; que os ossos humilhados levantem a cabeça para entoar o hino da alegria; minha alma, que foi abatida pela tristeza e vergonha, agora, visitada pela Misericórdia, possa beber a água fresca da alegria (v. 10).

Afasta teu olhar destas chagas ressequidas, ou melhor, olha-as com ternura, com tua ternura curadora. Insisto: varre e apaga as marcas, as cicatrizes que me ficaram dos sofrimentos e das culpas (v. 11).

Deus meu, toca a substância mais profunda de meu ser, realiza em mim uma nova criação. Tu, que tudo podes, repete em mim o prodígio da primeira manhã do mundo. Põe em mim uma natureza nova, recém-saída de tuas mãos. Deposita no ninho de minha intimidade um coração diferente, feito de bondade, mansidão, paciência e humildade. Reveste-o de uma firmeza de aço (v. 12).

Por favor, não me expulses de tua pátria, da luz de teu olhar. Não retires de mim, por favor, tua mão consoladora e a assistência de teu espírito (v. 13). Um dia, meu Senhor, a alegria, como uma pomba assustada, fugiu de minha casa. Que ela volte feliz para que minha vida seja música para teus ouvidos. Não te esqueças de pôr em meus alicerces um material nobre e generoso (v. 13).

Livra-me do sangue, meu Deus, e de suas tiranias. Livra-me dessas leis que, inexoravelmente, me levam para dentro e para o centro, onde se levanta a estátua de mim mesmo. Livra-me das amarras, cadeias e clamores de meu egoísmo, Tu que és meu único libertador, e verás como minha língua vai soltar aos quatro ventos o hino da libertação (v. 16).

Sei muito bem que Tu nunca desprezas um coração arrependido, pobre e humilde, meu Deus (v. 19). A única coisa que te posso oferecer, a maior homenagem que posso fazer é crer acima de tudo em tua ternura, lançar-me em teus braços, reconhecido e confiado.

Autocrítica, libertação e testemunho

Notável. Uma vez que o salmista implora, nos primeiros versículos, a misericórdia, e se sente seguro dela, a primeira coisa que faz é uma autocrítica.

Salva-se por isso, porque, tanto em nível evangélico como psiquiátrico, a autocrítica é o pórtico de toda *salvação*, assim como, pelo contrário, a racionalização também é, em todos os níveis, o pórtico de toda perdição. Na realidade, a racionalização é o pecado contra o Espírito Santo: não se quer dizer precisamente que não se perdoa, porque Deus perdoa tudo (e perdoar é uma festa para o Pai), mas que nesse jogo entre a graça e a liberdade Deus nada tem a fazer.

* * *

Nos versículos 5-8 o salmista avança, inexoravelmente mas sem masoquismos, para a profundidade total de uma autocrítica descarnada.

Eu reconheço minha culpa, Senhor. Não tenho por que me envergonhar, mas o pecado está patente e evidente diante de meus olhos como a luz do meio-dia (v. 5). Não vou racionalizar, meu Senhor, nem me desculparei. Não vou falar do pecado contra a comunidade. Que é a comunidade? Um ser abstrato. Não fiz nada contra a comunidade. O que fiz foi contra este irmão, e num jogo sujo e maquiavélico, para que ele não percebesse quem o traiu. Mas este irmão é teu filho; se me amas tanto, amas também a ele. Por isso, o que fiz contra este irmão foi muito dolorido para Ti. Por isso, o que fiz contra o irmão, na realidade foi contra Ti que fiz, só contra Ti (v. 6).

Sei que se formos ambos convocados a um tribunal para uma acareação eu serei declarado culpado e Tu, inocente (v. 6).

Pior. Minhas raízes estão podres. Quando comecei minha peregrinação no seio de minha mãe, quando ainda não havia claridade em minha mente nem luz em meus olhos, a culpa me envolveu como uma noite escura, e ainda estou dentro dessa noite (v. 8). A fragilidade me cobriu com seu manto desde o primeiro momento, e faço o que não quero, não posso caminhar pelas veredas da luz, nem posso me mover. Estou manietado e imóvel, amarrado pela impotência. Infeliz de mim, quem me livrará dessa cadeia? Assim nasci e assim sou desde o seio de minha mãe (v. 7).

Mas, apesar de tudo, no meu interior inculcas a sabedoria (v. 8), uma sabedoria que diz ser meu pecado tão grande como uma montanha de granito e a misericórdia de Deus maior que as cordilheiras. Só de olhar para Ti, Senhor, sinto-me livre da angústia e do horror, e, assim, posso respirar. Obrigado.

* * *

Interessante. Desde o versículo 10 começa a desaparecer o conceito e mesmo a palavra *pecado*, substituída resplandecentemente pela alegria.

Nem podia ser de outra maneira. Os complexos de culpa povoam a alma de tristeza, uma tristeza salgada e amarga. Mas, quando desponta a Misericórdia sobre a alma, quando o homem fica sabendo que, apesar de seus excessos, é abraçado com predileção, e que a ternura, uma ternura inteiramente gratuita, inunda de perfume sua casa, são previsíveis as consequências. A tristeza desaparece como as aves noturnas ao alvorecer, e tudo, paredes e recintos interiores, veste-se de um ar primaveril, perfumado de gozo e alegria.

Meu Deus, minha alma morre de saudades da alegria que fugiu de minha casa. Peço-te que ma devolvas, Senhor, para que eu possa entoar o hino da salvação (v. 14).

Nos versículos 15-17 o salmista sobe ao ponto mais alto para gritar aos quatro ventos a notícia de sua salvação e as maravilhas do Senhor. Nem podia ser de outra maneira. Quando acontece alguma coisa importante, quem a experimentou não pode calar. Falará com a boca, com os gestos, com não sei o quê, mas os longínquos braços do Senhor ficarão sabendo e haverá uma volta à casa do Pai (v. 15).

O salmista transforma-se em testemunha e sua boca vira uma trombeta que clama aos quatro ventos os prodígios do amor (v. 16). Teu amor, Senhor, quebrará meus grilhões, abrirá meus lábios, e minha boca se transformará em um clarim de prata que vai ressoar no alto das colinas para informar ao mundo quem é o Grande Libertador (v. 17).

* * *

Essa gesta de salvação, este magnífico drama do Salmo 51 acaba, como era de se esperar, em um desenlace de glória.

Quando os espaços interiores estavam habitados pela tristeza-vergonha, todas as tarefas divinas como a oração, os ritos e as ofertas, tudo nos parecia coberto de sombra. Mas agora que fomos visitados pela Misericórdia e nossas habitações se inundaram de luz, uma nova primavera resplandece em toda parte e o mundo inteiro cobre-se com um manto de glória.

Agora tudo tem sentido. A Eucaristia é um banquete, a recitação do Ofício Divino tornou-se um festim, a vida consagrada passou a ser uma festa da liberdade, as dificuldades são assumidas com facilidade, a própria existência passou a ser um privilégio e a vida um hino de alegria. Tudo fica diferente porque tudo aparece coberto pelo manto da misericórdia.

O longo e lúgubre lamento pelo pecado foi substituído por uma dança de júbilo através da ação do amor nunca desmentido de Deus nosso Pai.

VIII
Uma gesta de libertação
Sl 118(117)

O Salmo 118 parece um imenso anfiteatro em que se representa uma grande ópera. Desenrola-se no palco uma gesta de libertação, de tons quase épicos.

Há um personagem central que, com descrições vivas e coloridas metáforas, narra como se encontrou em determinados momentos com toda espécie de inimigos que, surgindo de todos os lados, fechavam seu passo e punham em xeque sua vida. Mas, com a poderosa "destra do Senhor", não só conseguiu escapar das mãos assassinas como pôs todos os opositores em vergonhosa debandada.

Há também coros gregos que, às vezes, comentam ou celebram a vitória do personagem e outras vezes organizam e guiam a procissão triunfal até o vértice do templo.

Por cima do cenário paira, majestoso, o binômio *poder-amor* do Senhor Deus que, como um condor invencível, protege seus filhos contra quaisquer ameaças ou perigos.

A libertação a que se refere o salmista pode ter diversos significados. Pode tratar-se de uma verdadeira escaramuça tribal em que o salmista se viu envolvido de surpresa.

Mas também poderia ser uma simples figura literária para simbolizar diferentes inimigos e ameaças: uma doença grave, situações de rivalidade ou hostilidade nas relações humanas, dificuldades de diversos tipos, conflitos fa-

miliares ou comunitários, lutas espirituais por um ideal...
Para qualquer dessas circunstâncias é válida, notavelmente válida, a mensagem central do Salmo 118.

* * *

O início do salmo é espetacular. Todos os metais da orquestra, encabeçados pelas trombetas de prata, lançam ao ar o grito de júbilo que vai dar o tom ao salmo: "Eterna é sua misericórdia".

Exulte a terra inteira e pulem de alegria as ilhas sem conta diante desta grande notícia: nosso Deus está vestido de um manto de misericórdia, é precedido pela ternura e acompanhado pela lealdade enquanto avança desde sempre uma nuvem em cujas bordas está escrita a palavra *Amor*.

Israel está em condições de confirmar esta notícia: desde pequeno foi tratado com ternura. O Senhor foi para ele como a mãe que se curva para dar de comer ao filho e depois acaricia seu rosto. Em sua aventurosa juventude acompanhou-o com seu braço forte até instalá-lo na terra jurada e prometida.

Esta notícia de seu *eterno amor* pode ser comprovada também por todos os fiéis em cujas noites o Senhor brilhou como uma tocha de estrelas, ou para quem foi sombra fresca nas horas de calor. Glória, eternamente, Àquele que vela nosso sonho e cuida de nossos passos.

O mistério da libertação

No versículo 5, o salmista começa a narração. Embora o faça sem referências específicas e em termos gerais, nestes versículos 5 e 6 estão contidos os verdadeiros mecanismos do conflito, qualquer que seja o tipo de perigo a que queira referir-se o salmista. O mecanismo é o seguinte.

No fundo último da tragédia está sempre a solidão, ou melhor, a solitariedade. Quando o homem se fecha em si mesmo, começa a sentir-se desvalido, impotente, assustado. Esse fechamento ou ensimesmamento é uma autêntica noite. É assim como, num descampado, à noite, a gente vê fantasmas onde não existem, da mesma maneira o homem, trancado na noite das quatro paredes de si mesmo, sofre duas coisas: susto e pânico.

Então uma fantasia fechada e assustada começa a se sentir insegura, torna-se agressiva, cheia de medo, um medo que imagina perigos, gera fantasmas, supõe ameaças, fazendo com que se sinta irremediavelmente perdido. Acontece tudo isso com o salmista nos versículos 5 e seguintes, e também provavelmente nos versículos 10-14. É a experiência típica da solitariedade e dos medos que dela derivam, com as imaginações que produz.

Que acontece? Acontece que "no perigo gritei ao Senhor e Ele me escutou pondo-me a salvo" (v. 5). E o salmista viu "a derrota de seus adversários" (v. 7). Que quer dizer isso? Que os inimigos foram engolidos pela terra? Claro que não. Quer dizer que, quando o salmista "gritou ao Senhor", saiu da noite de seu fechamento para os espaços abertos de Deus. Como na alvorada desaparecem os fantasmas noturnos, também o salmista, à luz de seu rosto, vê-se livre de sombras e perigos que tinham muito de subjetivo.

Em outras palavras: como a angústia e o susto eram fruto da solidão e do fechamento, quando o salmista sentiu que "o Senhor está comigo" (v. 7), quando sentiu sua solitariedade fria e hostil povoada pela presença amorosa e onipotente de Deus, sentiu o "nada temo" (v. 6), isto é, diluíram-se todos os filhos da solitariedade (medos, inseguranças, suspeitas...) e ele começou a participar da onipotência divina transformado em um *filho da onipotência* que pode gritar: "Que me poderá fazer o homem?" (v. 6), como Paulo quando desafiou: "Quem está contra nós?"

Essa é a verdadeira vitória, a autêntica gesta de libertação que o salmista consegue pela "destra poderosa do Senhor" (v. 16), isto é, por sua presença poderosa e amorosa, experimentada em uma relação pessoal com o Senhor. Esta análise pode ser aplicada a uma série de salmos em que o salmista descreve situações semelhantes.

* * *

Voltando a referir-se ao mistério de sua libertação, o salmista reitera em dois versículos consecutivos (6 e 7) que "o Senhor está comigo", dando a entender que esse é o segredo central e a chave de toda salvação: quando o homem percebe que Deus está consigo de verdade, quando Ele é poder e carinho, quando é coluna de segurança e ternura da vida, protege com suas asas fortes e assiste dia e noite. Finalmente, quando a solidão foi inteiramente povoada, todos os inimigos fogem, as fronteiras ficam guarnecidas, as saídas da cidade protegidas e a pessoa acaba transformando-se em cidadela impenetrável, em um ser praticamente invencível.

A partir dessa experiência, o salmista dará um testemunho pessoal diante da assembleia: "É melhor refugiar-se no Senhor do que confiar nos homens; é melhor refugiar-se no Senhor do que confiar nos chefes" (v. 7-8), utilizando os verbos *refugiar-se* e *confiar*, em que há um êxodo das solidões e um deixar-se envolver e vestir com o abrigo da Presença, uma presença imunizadora. Somos livres. Não temos medo.

Uma pedagogia acertada

Nos versículos 10-14 o salmista faz uma descrição gráfica e viva de uma aventura bélica em que se viu envolvido de surpresa. Das sombras saíam povos e tribos para me devorar, mas o Senhor se colocou no meio como uma muralha impenetrável (v. 10). Noutro dia apareceram diante de mim os mesmos, cercando-me pelos quatro lados. Pareciam um enxame de vespas, suas ameaças eram como o estalido de um espinheiro em chamas, mas o Senhor foi minha espada e minha vitória. De repente emergiram mais uma vez da escuridão e se aproximaram perigosamente até lançar as mãos sobre mim, empurrando-me para a fossa. Mas o Senhor se fez um muro de contenção para mim (v. 13). Louvor e glória a meu Libertador!

A narração pode ser aplicada a muitas e variadas situações humanas: as incompreensões eram como vespas venenosas; como o surdo rumor de um rio em cheia, os amargados de sempre não paravam de murmurar contra mim enquanto as doenças consumiam meus ossos. Os que sempre confiaram em mim retiraram seus créditos, o afeto e a palavra, deixando-me indefeso na rua. As dificuldades se levantavam diante de mim altas como as ondas de uma tempestade. Parecia que todos fugiam de mim, e eu me sentia como uma ilha perdida no vasto mar. Quando parecia que a morte era meu único destino e refúgio, saí para a vastidão de Deus e invoquei o Nome do Senhor. Que prodígio! A tempestade amainou, as ondas se acalmaram, nasceram-me asas fortes como as da águia, começou a correr em meus ossos um rio de energia, os temores fugiram, a segurança penetrou em meus rins, e a liberdade levantou a cabeça como uma coluna de granito.

Foi tudo obra do Senhor: "foi um milagre patente" (v. 24), "foi o Senhor que o fez" (v. 23). "Este é o dia em que o Senhor agiu" (v. 24), cantemos sua vitória. Aleluia para nosso vitorioso Salvador! "Seja nossa alegria e nosso gozo" (v. 24). Ressoe a música e nossa existência seja uma festa, nossos dias sejam dança e a alegria seja nossa respiração.

Agora "viverei" (v. 17), porque nos dias de aflição eu não vivia, agonizava. Minha existência era um morrer vivendo ou um viver morrendo, porque minha alma agonizava na fossa da tristeza. Nem podia respirar, estava com os pulmões paralisados pela angústia. Era a morte.

Mas agora que "o Senhor agiu" e "nos deu a salvação" (v. 25) em que a vida se converteu numa festa, já "não hei de morrer" (v. 17), "viverei" para transformar meus dias em um hino de glória a meu Deus, "para contar as façanhas do Senhor" (v. 17).

* * *

O Senhor, como Pai solícito e sábio, teve para comigo uma pedagogia acertada: "me castigou" (v. 18) mais de uma vez, abandonou-me nas sombras do desconcerto e me senti mil vezes com a água no pescoço pelas dificuldades, como uma parede em ruínas. Meu prestígio recebeu feridas de morte, caí nas mãos da desesperança, invoquei a morte... mas "não me entregou à morte" (v. 18).

Foram sacudidas a golpes para me libertar dos enfeites falsos. Eu achava que os muros das apropriações me defendiam, mas na realidade eles me encarceravam. Esses muros tinham que cair para eu recuperar minha liberdade. "Castigou-me" para que eu não confiasse nunca mais "em meus cavalos" nem "nos senhores da terra", mas só em meu Deus, para experimentar o contraste entre minha contingência e a consistência do Senhor, para saltar do nada para o tudo, da escuridão para a luz, da indigência para a opulência, para que, no fim, eu provasse e comprovasse na própria carne que o Senhor é meu único Salvador.

As portas do triunfo

Nesse momento o coro múltiplo estoura em uma cantata vibrante e o estouro vai saltando de grupo em grupo na grande assembleia dos justos: "A destra do Senhor é poderosa, a destra do Senhor é excelsa" (v. 15).

O personagem do salmo, que foi libertado, contagia com sua euforia a assembleia e os coros, a cena adquire um grande movimento (v. 19-29) e se estabelece o diálogo entre todos. O personagem do salmo começa: Abram-se as portas do triunfo, preciso entrar por elas para entoar um hino de gratidão (v. 19). Os encarregados do templo respondem: Esta é a porta por onde entram os vencedores (v. 20). Entrarei na casa de meu libertador, ajunta o personagem libertado, proclamando: Glória e honra a Ti que foste meu salvador. Eu estava na boca do abismo, clamei a Ti, e me escutaste, libertando-me do horror. Glória a ti para sempre (v. 21).

O coro retoma a palavra para comentar, comovido, os acontecimentos de libertação (v. 22-25). Acontece que aquele que nossos olhos contemplaram pisado aos pés dos inimigos, ferido pelas línguas venenosas, frequentemente desprezado e sempre o último, foi constituído agora como pedra angular e viga mestra do edifício (v. 22).

É um "milagre patente" (v. 23), tudo foi obra do Senhor. O Senhor irrompeu no palco da história, fez proezas incríveis, arrancou prodígios do nada e fez as nações emudecerem. Hosana! Senhor, salva-nos! (v. 25).

Depois o coro dirige-se ao personagem libertado, que avança pela nave central no meio de uma grande algazarra por entre estandartes e ramos de oliveira, para aclamá-lo como o bendito do Senhor, o privilegiado em quem recaíram o olhar, a benevolência e a bênção do Senhor (v. 26). Parabéns!

Imediatamente são dadas ordens para que a assembleia se organize como uma procissão ordenada, com ramos nas mãos, avançando lentamente entre cânticos, até o alto do próprio altar.

O personagem libertado renova sua profissão ali diante do altar, em um tom pessoal, sumamente interior e pronunciado no tom mais alto: "Tu és meu Deus" (v. 28); de Ti venho, em Ti estou, para Ti vou, em Ti descansarei, a Ti busco desde a aurora de minha vida, desde sempre e para sempre Tu és meu Deus, o único de minha vida.

E o coro fecha essa brilhante representação retomando o estribilho inicial como um acorde de coroação: Glória e louvor ao Imortal "porque é eterna sua misericórdia" (v. 29).

IX
Um coração sensato
Sl 90(89) e 39(38)

O pó acaba no pó. Para a Bíblia, a existência humana é isso: pó.

Desaparece uma geração e aparece outra. O homem vem ao mundo e já tem que ir embora do mundo. Os rios acabam no mar e do mar nascem outra vez. O que foi, vai ser. Nada há de novo sob o sol. Acaba-se o óleo e a lâmpada se apaga. Não sobra lembrança dos antigos, nem haverá dos pósteros. Observei o que acontece sob o sol e comprovei que tudo se reduz a fumo e nada. Tudo é vazio, tão vazio como pegar o vento ou abraçar a sombra. Assim falou Coelet, desiludido e cheio de melancolia (Ecl 1,1-12).

Mas não é preciso decepcionar tão depressa. É lei universal: o que começa, acaba. As margaridas aparecem no campo, brilham um dia e murcham. Os vagalumes resplandecem uma noite e desaparecem. As andorinhas vêm com a primavera, voam sem se cansar e um dia vão embora. Até os metais e o universo inteiro estão submetidos à lei da *entropia*. Tudo se acaba. A diferença é que o homem *sabe disso*.

Esse saber pode levar o homem a diversas conclusões. Quando toparam suas fronteiras e tocaram seus muros, os gregos chegaram ao sentimento trágico da vida, o homem moderno chegou à angústia, e o salmista, à sabedoria.

De fato, quando os gregos observaram a curva da vida (tudo nasce-cresce-morre), chegaram, resignados, ao fatalismo. O homem moderno, "libertado" das certezas da fé, quando se sentiu preso nos dentes dos *nadas*, chegou a sentir essa asfixia a que chamamos angústia, apertados entre o nada que precede e o que segue, relâmpago entre dois nadas. Mas o salmista, quando experimenta a contingência humana, sobe à consistência divina, pula da fugacidade humana para a eternidade divina, e do relativo das coisas para o absoluto de Deus. A isso chamamos de *sabedoria*.

* * *

Em nenhum momento o homem da Bíblia tapa os olhos com disfarces, nem procura esconder-nos a velha sabedoria sobre a fugacidade da vida e a relatividade das coisas. Pelo contrário, nós o sentimos impressionado pela condição efêmera da existência humana, e frequentemente se nos apresenta curvado, para não dizer esmagado, pelo peso da contingência.

Em vez de nos dar consolações baratas e receitas fáceis, faz enfrentar friamente a dura realidade. O salmista, em numerosas oportunidades (Sl 39, 90, 92, 102, 103), os profetas, Jó e o Eclesiastes descerram constantemente a cortina diante de nossos olhos, e nos deixam diante de um cenário hostil, com bastidores carcomidos e sombras ameaçadoras.

Mas em nenhuma parte o homem da Bíblia se expressa sobre a precariedade humana de maneira tão veemente como no Salmo 90. Estamos diante de uma peça singular que, precisamente por seu vigor, é atribuída pela Bíblia nada menos que a Moisés, a quem chama de "homem de Deus".

Com arranques agitados, vertigens das alturas e dos abismos, contrastes e ritmos violentos, o salmista nos dá

sua própria visão sobre a vida e a morte, sobre o eterno e o transitório, com uma estranha mistura de lamentação e ternura. Realmente, é um salmo de grandes desníveis e de tensas experiências, e, para entendê-lo, precisamos colocar-nos no ambiente interior do próprio salmista:
*Senhor, Tu foste nosso refúgio
de geração em geração.*

O salmista se apresenta no cenário e já começa levantando a cabeça e estendendo o olhar por trás e por cima dos horizontes e dos séculos passados, buscando um centro de gravidade para dar uma certa estabilidade ao vaivém instável das gerações humanas. De fato, precisávamos de uma rocha porque as gerações subiam e baixavam como as ondas, e a vida era um perpétuo movimento, como as entranhas do mar.

Por cima das estações e dos vaivéns, o Senhor esteve conosco, como uma constelação sossegada sobre as ondas. Ele estava – esteve – no fundo de nossos pensamentos como testemunha, no fundo de nossos sonhos como confidente. E, desde o fundo das lembranças, já quase esquecidas, mal conseguimos resgatá-lo como um ser familiar com o típico encanto de um antiquíssimo companheiro com quem partilhamos os perigos e as alegrias. Nosso refúgio de geração em geração.

Fomos um povo de nômades no deserto. De noite quando a escuridão e o medo nos acossavam, o Senhor tomava a forma de uma tocha de estrelas lá em cima; de dia, cobria-nos com uma fresca nuvem contra o fogo do sol. Um povo sem lembranças não tem dignidade. As cicatrizes só são gloriosas quando as lembranças são de antigos combates. E, nos combates de antigamente, o Senhor abria a brecha. Por isso nossas lembranças estão completamente povoadas por suas proezas, de geração em geração.

Filhos da eternidade

Depois de passar o olhar pelo tempo antigo, o salmista transcende todos os tempos e, com palavras poderosas, coloca-se em um presente que abarca o ontem e o amanhã, apresentando-nos uma visão cheia de grandeza, em que proclama o eterno presente de Deus. De fato, no fundo do salmo move-se a majestade divina como uma corrente perene, eternamente igual a si mesma, em contraste com a incessante mudança da natureza humana.

Antes que nascessem os montes,
ou fosse gerado o orbe da terra,
desde sempre e para sempre Tu és Deus.

É uma cosmovisão poderosa em que o salmista olha para trás, olha para frente, mas não fica com o passado nem com o futuro, mas com o presente: *Tu és.*

Muitas vezes nós procuramos reter o que nos escapa, desejando o que nos falta e querendo o que não existe. Vivemos em um passado que já não existe e em um futuro que ainda não chegou, cheios de inquietas saudades e de miragens enganosas, esquecendo-nos de que só o *hoje e agora* é tempo de Deus, grávido de possibilidades.

* * *

Vou me permitir uma digressão para desentranhar o significado profundo desse *agora* de Deus, tão magnificamente expressado neste versículo.

Na linguagem humana, qual é o conteúdo ou significado do *agora* que chamamos de *presente?* O presente é um ponto em que o futuro se transforma em passado. Quando dizemos "agora é o presente", já estamos no passado. O presente desaparece no mesmo instante em que tentamos agarrá-lo. Pois bem. Se o passado não existe, o futuro não existe, e agora dizemos que também o presente não existe, será que nossa existência tem apenas um caráter ilusório?

Claro que não. Pelo contrário, nossa experiência constata que o *agora é* real. E é real porque a eternidade irrompe no tempo e lhe dá seu caráter de realidade. Nem poderíamos dizer "agora" se a eternidade não elevasse *este* momento acima do tempo incessante. Quando o salmista contempla Deus, para quem "mil anos são como um ontem que já passou", está experimentando aquela eternidade que lhe dá um *agora* real e concreto; está participando, de alguma forma, da eternidade de Deus. Sempre que dizemos "agora", nesse *agora* ficam unidos algo de temporal e algo de eterno, o passado e o futuro.

Por tudo isso, para Deus não existe nem o pretérito nem o futuro, só o presente. Por isso o salmista, enquanto está olhando o passado e o futuro ("desde sempre e para sempre"), acrescenta *Tu és*: o *agora* petrificado, eternizado, estendido para diante e para trás. Isso faz com que nossa temporalidade, que é um ser abstrato, tenha um caráter real e objetivo, por uma participação no *agora* de Deus. Somos filhos da eternidade.

Antes que existissem esses picos nevados e florescessem as rosas nos campos, antes que brotassem os mananciais das montanhas e o homem desse nome a cada coisa, *Tu és*, em teu *agora* eterno.

Muito antes daquela explosão que rompeu o universo em milhões de partículas de galáxias e constelações, em que começou a caminhar o que chamamos de *universo em expansão*, desde muito antes *Tu és*, desde sempre e para sempre.

No correr de milhões de anos o hidrogênio se irá transformando em hélio. Enquanto isso, os astros vão se apagar um por um e até as estrelas neutrônicas vão se consumir em forma de emanações. O universo vai acabar voltando ao nada, mas *Tu és*, desde toda e por toda a eternidade.

No teu *agora* nós existimos, nos movemos e somos. No teu *agora*, nosso "agora" deixa de ser uma ilusão e adquire concretez e realismo. Somos filhos da eternidade. Glória a Ti em quem e por quem nosso pó adquire nobreza e eternidade. Nós te admiramos, nós te proclamamos como o Único, o Sem-Tempo, o Sem-Espaço, o Sem-Nome. Para Ti nossa honra e nosso amor.

Pura sombra

No meio desse remoinho de contrastes em que se move o salmista, a impressão que mais ressalta no Salmo 90 é a da caducidade da realidade humana e, em geral, de toda realidade, diante da consistência de Deus. Todo o salmo está em uma mistura confusa: as leis biológicas com as iras divinas, o vazio, o silêncio, o esquecimento. Conclusão? Parece que iríamos aterrizar no pessimismo fatalista. Mas não, o salmista nos levará pela mão à sabedoria do coração, como vamos ver.

Com grande inspiração, ele vai deixando pelo caminho pensamentos dignos de ser gravados em pedra:

Concedeste-me um palmo de vida,
meus dias são nada diante de ti:
o homem não dura mais do que um sopro,
o homem passa como a sombra (Sl 39,5-7).

Mil anos em tua presença
são como o dia de ontem que passou,
uma vigília noturna... (Sl 90,4).

*A maior parte (dos anos) são fadiga inútil
porque passam depressa, voam* (Sl 90,10).

Essa é a palavra-chave: *passar*. Um trânsito entre dois nadas, entre duas noites, relâmpago entre duas escuridões, lanterna que brilha e se apaga dentro da noite, instante, movimento, fenômeno, impermanência, caducidade, efêmero: sua essência consiste em *não ser*, simplesmente em *passar*.

Por muito tempo, todos os nossos sonhos convergiram para essa tarde de ouro: a tarde do casamento. Foi ontem, passou tudo.

Era uma pessoa que ocupava o trono real de nosso coração, o ser mais querido da terra. Um acidente mortal jogou-a no abismo. Nossa pena foi tanta que dizíamos: melhor morrer. Passaram os dias, os meses e os anos, e ela também desapareceu de nossa memória. "O homem passa como pura sombra".

Como a morte não tem olhos nem coração, numa tarde de inverno aproximou-se de uma jovem mãe. Cinco pequenos órfãos. Isso aconteceu há vinte anos [sic]. Os órfãos agora são homens. A jovem mãe é uma lembrança longínqua... ninguém mais se lembra dela.

Está fazendo um ano... que desgosto! Um desgosto de morte. Noites inteiras sem dormir. Hoje ninguém se lembra mais. Depois vieram outros desgostos, quase piores. E passaram. Por felicidade ou não, o tempo cobre tudo de pó e de silêncio.

Está com setenta anos. Quando recorda os anos da juventude, o rosto se cobre de saudades enquanto reflete: faz cinquenta anos [sic], parece que foi ontem! "Passam depressa, voam".

A juventude é como uma flor da manhã, cheia de frescor e louçania. Passam os anos, vão aparecendo no rosto as marcas da decadência. De repente, é uma flor passada. "O homem nascido de mulher, curto de dias e farto de aflições. Como a flor desabrocha e murcha, foge como a sombra, sem parar. Desfaz-se como a madeira carcomida, como roupa roída pela traça" (Jó 14,1-4).

* * *

Essa é a tragédia suprema do homem: *a fuga*. Tudo escapa do homem, escorre por suas mãos. Sua maior infelicidade consiste em não poder reter o que possui por um momento.

O instinto mais poderoso do coração humano é o de posse, e toda posse é uma apropriação. Toda apropriação é um querer submeter, um querer reter de forma permanente e segura aquele bem que já é *seu*. O homem quer reter a todo custo aquilo que já possui. Alcançou a glória? Quer retê-la. Possui a beleza? Quer retê-la. Possui a vida? Quer retê-la.

Mas acontece que tudo na vida está submetido a essas três temíveis leis: a lei do desgaste, a lei do esquecimento e a lei da morte. Nesses três inexoráveis oceanos escapam todas as posses do homem: a glória, a beleza, a saúde, a vida... Tudo se desfaz, tudo se desgasta, tudo se desmorona, tudo se desvanece, tudo se vai e nada pode ser retido. Essa é sua maior infelicidade.

Por isso, a luta do homem sobre a terra consiste em *reter*. Mas é uma luta estéril e ridícula. Equivale à tentativa de agarrar com as mãos a fumaça, a sombra, o vento... É impossível, porque tudo é esfumaçante, escorregadio, impalpável. Como nada tem consistência, tudo escorre por entre os dedos, tudo escapa numa fuga incessante, como as aves que voam para outras terras, como os ventos que passam por nossa região, como os navios que sulcam os mares, como as nuvens que o vento leva, como a fumaça que se dilui, como a sombra fugidia, tudo é um fluir, um passar.

O homem fica com as mãos vazias. "O homem passa como pura sombra; meus dias são nada diante de Ti". Símbolo dessa caducidade é a lei da morte sobre a qual o Antigo Testamento tem uma visão francamente pessimista: "O monte acabará por ruir; a rocha mudará de lugar; as águas desgastarão as pedras; mas, se um humano morre, voltará a viver?" (Jó 14,18-20). Em resumo, o homem "é uma folha levada pelo vento, uma palha seca" (Jó 13,25).

Sabedoria de coração

Estávamos à beira do sentido fatalista e trágico dos gregos e, quando parecia inevitável a queda no abismo do desespero, o salmista, onde menos pensávamos, levanta o voo para cumes inesperados, e a tragédia se converte em esperança.

No Salmo 39 há uma transição magistral em que o salmista realiza um verdadeiro salto acrobático, emergindo do nada e arrojando-se no tudo. Um grande capítulo da sabedoria de coração: o que devia acabar no desespero acaba na esperança. O mesmo acontece, ainda que não tão explicitamente, no Salmo 90.

Nos versículos 5 a 8 do Salmo 39 há um movimento interior ascendente, ou, se se prefere, descendente, mas sempre em um crescendo sustenido. O salmista avança com afirmações cada vez mais contundentes, até o versículo 8, no clímax mais agudo, hasteando uma interrogação desesperada: "E agora, que esperança me sobra?" É aqui e agora que o salmista dá o grande salto e aparecem a solução e o desenlace: "Tu és minha esperança".

Vou usar outras palavras: Tu me formaste com tuas mãos, Tu me revestiste de carne e pele, e me infundiste um sopro de vida, um sopro tão curto que se pode medir com um palmo (v. 6). Pões em minha boca o manjar da vida e, quando acabo de provar, mo tiras. Isso não parece brincadeira de criança? Não teria sido melhor que o útero fosse minha sepultura?

Quem sou eu diante de Ti? Sombra que arrasta sua própria sombra. E meus dias? Folhas caídas do outono. E minha vida? Flauta de bambu, cheia de ar e de mentiras. Com que posso me comparar? Com um monte de pasto seco no campo. Tem piedade da obra de tuas mãos. Quem pode competir contigo? Que são nossos dias à luz de tua eternidade? Um sopro, o dia de ontem, uma sombra fugitiva.

Minha vida é um punhado de afãs (v. 7), pura paixão, como uma chama ao vento, desprendida da lenha, perseguindo quimeras, enterrando tesouros (para quem?), levantando castelos (para quem?), enchendo silos (para quem?) (v. 7). Meu Deus, onde está a razão e a finalidade de tanta paixão inútil? O chão se mexe embaixo de meus pés. Onde vou me segurar? Pobre náufrago na noite, onde estão a rocha e a âncora?

Tu és minha rocha e minha âncora. Em Ti estão mergulhadas minhas raízes. Em teus mananciais beberemos águas de vida eterna. Em teus braços, quentes e fortes, dormiremos enquanto durar a tempestade. Tu encherás de luz nossos horizontes, de segurança nossos passos, de sentido nossos dias. Tu serás o farol e a estrela, a bússola e a âncora durante a travessia de nossa vida.

* * *

Eis um dos aspectos mais significativos da sabedoria de coração: viver enraizados nas profundidades de Deus.

A raiz, por instinto, por uma força misteriosa, tende para o centro da terra. Quanto mais avança nessa direção, mais vigorosamente se aferra a essa terra que nutre e sustenta a árvore. Essa penetração é a condição de nossa segurança e a medida de nossa força.

O desatino é pretender firmar raízes em realidades de areia que não têm subsolo. O resultado é fácil de imaginar.

Na densa folhagem de tópicos abordados pelo salmo, a convicção central é esta: o efêmero pede o consistente; a experiência do contingente leva-nos ao absoluto de Deus.

Preciso fazer também o seguinte esclarecimento: nestes salmos aparece decididamente marcada a afirmação de que a caducidade e a morte humanas são efeito e castigo da cólera divina. Não quis parar meus olhos nesse aspecto. Depois que Jesus passou por nossa terra como o missionário do amor gratuito e da misericórdia incondicional do Pai, penso que é inútil insistir nisso.

*Senhor, dá-me a conhecer meu fim
e qual a medida de meus anos
para que compreenda como sou caduco* (Sl 39,5).
*Ensina-nos a calcular nossos anos
para que adquiramos um coração sensato*
(Sl 90,12).

Sabedoria de coração. Em que consiste? Em "conhecer meu fim" e "a medida de meus anos" para compreender "como sou caduco", e em "calcular nossos anos" para adquirir um "coração sensato". Essa é a fonte e o caminho da sabedoria.

Coração sensato é o do homem que tem uma visão objetiva sobre todo o seu ambiente, dispõe em sua mente da medida das coisas e sabe aplicar, quando necessário, a lei da proporcionalidade. Além disso, é capaz de fazer uma correta distinção entre o verdadeiro e o fictício, entre a aparência e a realidade. Em resumo, sabe que a *verdade* consiste em saber que tudo que é humano é caduco.

Um coração sensato sabe que é loucura chorar hoje por coisas que amanhã não vão mais existir, sabe que os desgostos são levados pelo vento (para que sofrer?), que a vida é flor de um dia, que a glória é som de flauta cujo final é o silêncio, que a moda sempre muda, que a caducidade é a *verdade*, que a transitoriedade é a *verdade*, que as aparências são a mentira, que sofremos e agonizamos pela mentira das coisas, que a aparência nos seduz e tiraniza, nos força e nos dobra, e que é por isso que vivemos obsessionados, temerosos e tristes.

Diante do coração sensato está o coração insensato ou louco, isto é, um coração alheio ou alienado da realidade. Está alheio à objetividade porque chama a aparência de verdade (e luta por essa "verdade"), e considera definitivo o que é precário, vivendo de sobressalto em sobressalto porque as pancadas da vida fazem-no despertar a cada momento para a desilusão, isto é, para a verdade amarga de "como sou caduco".

É preciso declarar guerra a essas ficções que, no fim, acabam rolando pela ladeira do desengano, e aceitar de olhos abertos que nossa vida é uma estrela cadente que, por um instante, rasga a escuridão da noite, brilha e se apaga. E que, apesar de tudo, viver é um privilégio e uma oportunidade para lutar por objetivos nobres no "palmo" de tempo que nos caiba viver.

Coração sensato é o da pessoa que coloca tudo isso: os espectros do desgosto, fracassos, contrariedades, desestimas, desprestígio, ocaso da vida e a própria morte, nas asas do vento para que o leve ao esquecimento e ao silêncio. Por que assustar-se? Por que sofrer? É por isso que o coração sensato vive sempre na morada da serenidade.

Essas verdades, reiteradas vigorosa e insistentemente ao longo de toda a Bíblia, constituem o fundo doutrinal dos *novíssimos*.

Misericórdia

> *Sacia-nos com tua misericórdia durante a manhã e toda nossa vida será alegria e júbilo* (v. 14).

Passou a tempestade, foram-se as nuvens, brilha outra vez o sol. Procuramos o salmista e o encontramos encurralado pela morte, asfixiado entre dois nadas, fustigado pelos raios divinos, verdadeiramente no olho da tempestade.

Mas, a partir do versículo 13, tudo muda. Depois de invocar ardentemente a piedade do Senhor, e de se sentir seguro dela, o salmista respira fundo, estende o olhar para frente como se tivesse terminado o ciclo que vai de pó a pó, e vê amanhecer uma nova era de prosperidade, não só para ele como para todos os que são verdadeiramente servos do Senhor.

Será que a esperança substituiu definitivamente a tragédia, e a misericórdia vai ser definitivamente mais forte do que a ira?

Todas as verdades, proclamadas fragorosamente na primeira parte do salmo, continuam e vão continuar sempre em pé. Mas a misericórdia é capaz de qualquer metamorfose: capaz de transfigurar o pó em riso, o lamento em dança e a própria morte em uma festa.

O problema? Só um: *"saciar-se de Misericórdia"*.

Quando a pessoa acorda de manhã, abre os olhos e deixa entrar pela janela de fé o sol da misericórdia, que consegue inundar todas as estâncias interiores e todos os espaços, até a saciedade total, já não há na terra idioma humano capaz de descrever-nos esta metamorfose universal: como por arte de magia o vento levou tudo embora, a cólera divina, as culpas, o pó, a morte, a caducidade, o medo, a fumaça, a sombra, como pedacinhos de papel, deixando a vida e a terra inteira entregues freneticamente a uma dança geral em que tudo é alegria e júbilo (v. 14).

Repetimos que as coisas de Deus não são para ser entendidas intelectualmente, mas para ser vividas. Quando as vivemos, começamos a entender tudo. O segredo está em *saciar-se*, verbo eminentemente vital, quase vegetativo. Deus é banquete, é preciso "comê-lo" (experimentá-lo) para ser saciado. Deus é vinho; é preciso "bebê-lo" para chegar a uma embriaguez em que todas as coisas saltam de seus gonzos, em transfigurações milagrosas, transformando o caduco em eterno, a tristeza em alegria, o luto em dança.

O Deus que faz esses prodígios não é o Deus das vinganças, que já "morreu" no monte das bem-aventuranças, mas o Deus das misericórdias, o *verdadeiro* Deus, Aquele que foi revelado por Jesus.

Depois de *beber* deste "vinho", os dias e os anos que se abrem diante de nossos olhos estão repletos de alegria (v. 15). E o salmo acaba com uma estrofe em que uma esperança invencível enche por completo e guarda nosso futuro:

> *Apareça tua obra ante teus servos,*
> *e teu esplendor sobre teus filhos.*
> *A doçura do Senhor esteja conosco.*
> *Confirma a ação de nossas mãos* (v. 16-17).

X
Ternura divina
Sl 103(102)

Consolação no desterro

O homem é um ser essencialmente *necessitado*. É como um inválido que precisa de muletas para andar, de braços ou de uma cadeira de rodas para ser transportado.

Quando vem à luz, o homem é o ser mais desvalido da criação: tem que aprender tudo, mas não em virtude de uma habilidade instintiva, e sim porque os outros têm que ensiná-lo pacientemente a andar, a falar, a pensar e a se educar. Tem que aprender a viver, e no meio de riscos e incertezas.

Os seres que o precedem na escala zoológica vivem em uma gostosa unidade vital com os outros seres. Mas o homem, quando tomou consciência de si e ficou sabendo *quem era*, começou a sentir-se *separado* daquela unidade familiar, expulso daquela "pátria", solitário e desterrado.

Pior. Sentindo-se diferente dos outros e solitário, o homem mede suas limitações e começa a ter a típica sensação da angústia.

Para escapar das garras da angústia, foge cada vez mais longe de si mesmo sem sair de suas fronteiras. Encontra-se cada vez mais sozinho, cada vez mais afundado nas águas salgadas da ansiedade, cada vez mais longe da pátria, perdido na região do frio e da escuridão.

Seu mal é a solidão, o desterro, o frio e a escuridão. Precisa de braços, de pátria, de alguém, de *Alguém*. No começo e no fim seu problema é o do amor, da consolação. Precisa de alguém que partilhe sua solidão para que ela desapareça.

Na Bíblia em geral, e muito especialmente nos salmos, há *Alguém* que vai ao encontro do homem. Nesse momento a solidão última do homem fica povoada por sua presença, as lágrimas humanas se evaporam, os medos fogem, e a consolação inunda seus vales como um rio delicioso.

O problema é um só: *Deixar-se amar, saber-se amado.*

Como o homem se sente mal quando é dominado pela sensação de que ninguém o ama, de que ninguém está com ele e, pior ainda, quando percebe que alguém está contra ele! O problema original, repetimos, e a necessidade fundamental do ser humano é o amor.

Por isso, as relações do homem com Deus não podiam desenvolver-se senão na órbita do amor. E nessa relação foi Deus quem marcou o passo e deu o tom, quem *amou primeiro*.

* * *

Quem é Deus? Como é? Onde está? Suas reações e sentimentos são iguais aos dos homens? Definitivamente, quem é Deus? Ordem? Justiça? Força? Cavalgando os séculos, na longa peregrinação da fé, Deus foi se desvelando lentamente de mil formas, mas, em todo caso, de maneira fragmentária, através de acontecimentos, prodígios de salvação, revelações inesperadas, até que, chegada a plenitude dos tempos, tivemos a certeza total: *Deus é Amor.*

Mas que é amor? Conceito? Emoção? Convicção? Energia? Nada disso. É o movimento de Deus para o homem. É o próprio Deus enquanto se aproxima e se inclina sobre o homem, abraçando-o. Em resumo, é o fluido vital que move as entranhas, o coração e os braços de Deus Pai, enchendo tudo de alegria.

Deus é Amor, flor e fruto, espiga dourada de tudo que o Senhor vem fazendo e vem falando desde os tempos antigos e ultimamente através de seu Filho (Hb 1,1). Essa afirmação vai iluminando retrospectivamente o conteúdo geral da revelação e, concretamente, as narrativas da criação e das alianças. A avalanche de ternuras divinas que vem rolando pelas torrentes da Bíblia desemboca finalmente e se condensa na síntese de João: *Deus é Amor*.

* * *

Desde sempre estão sendo realizadas no Lar intratrinitário as operações implosivas pelas quais o Pai não é *pai*, mas *paternidade* – processo nunca acabado de gerar – e o Filho não é *filho*, mas *filiação* – processo nunca acabado de ser gerado. Os dois se olham até o fundo de si mesmos e nasce a *Intimidade* ou Espírito Santo, que organiza esse Lar em uma corrente alternada e circular que, como um rio, vai percorrendo e irrigando as Três Santas Pessoas, fazendo com que cada uma tenha tudo *em* comum e tudo *em* propriedade, receba tudo e dê tudo... Uma vida inefável e infinita de amor, vivida *no interior*.

Houve, portanto, nos espaços divinos, uma formidável condensação de amor e – não podia ser de outra maneira – tanta acumulação explodiu para fora, Deus saiu de suas fronteiras e aconteceu a criação, que não é senão a fase explosiva do amor. No cume da criação colocou o homem, feito à medida e semelhança de Deus. Por isso Deus gostou tanto desse homem que se aproximou mil e uma vezes para lhe dizer que o amava muito. A Bíblia não é senão uma multiforme manifestação desse carinho.

O Eclesiástico, depois de ponderar a inconsistência humana – como gota de água no vasto mar, como um grãozinho de areia na praia –, solta diante de nossos olhos esta comovente ladainha: "Por isso o Senhor é paciente com os homens, e derrama sobre eles sua misericórdia. Ele vê e sabe que o final do homem é lamentável, por isso multiplica seu perdão. A misericórdia do homem só atinge seu próximo; a misericórdia do Senhor abarca todo o mundo" (Eclo 18,8-14).

Admirado diante da altura das benevolências do Senhor em favor do homem, Ben Sirac acaba exclamando: "Quem será capaz de contar tuas misericórdias?" (Eclo 18,4). Nesse sentido, o Salmo 136 é um espetáculo: repete 26 vezes, comovido, esse *ritornello ostinato*: "Eterna é sua misericórdia". Essa misericórdia é o *próprio Deus* que cuida e salva. Salvou-nos primeiro pela criação e mais tarde pela redenção. Salva-nos hoje por nossas vidas, e continuará sempre.

Como a mãe

*Como um pai sente ternura por seus filhos
o Senhor tem ternura por seus fiéis* (v. 13).

O Salmo 103 é o grande salmo da ternura de Deus. O conceito de amor contém variados e múltiplos alcances, e um deles é o da ternura. Apesar de entrar no conceito geral do amor, a ternura tem matizes que a transformam em algo diferente e especial no contexto do amor.

Antes de tudo, a ternura é um movimento de todo o ser, um movimento que oscila entre a compaixão e a entrega, um movimento feito de calor e de proximidade, e com uma carga especial de benevolência. Para expressar esse conjunto de matizes dispomos de outra palavra: carinho.

Nas raízes da ternura, descobrimos sempre a fragilidade. A ternura nasce, apoia-se e alimenta-se nela. De fato, a infância, a invalidez e a doença sempre invocam e provocam a ternura. Qualquer tipo de debilidade dá origem e propicia o sentimento de ternura. Por isso, a grande figura no cenário da ternura é a figura da mãe.

Quando quer expressar o carinho de Deus, a Bíblia sempre faz brilhar a figura paterna, certamente devido ao caráter fortemente patriarcal da cultura dos homens da Bíblia. Mas, se analisarmos o conteúdo humano das atividades divinas, chegaremos à conclusão de que estamos diante de atitudes tipicamente maternas: consolação, compreensão, carinho, perdão, benevolência. Numa palavra: ternura.

Todo o livro chamado *Segundo Isaías* (Is 40–55), denominado também *Livro da Consolação*, é um mar de ternura. Como o vento passa ondulando pelos trigais, passam pelas páginas desse livro, em ondas sucessivas, a misericórdia e a esperança, inundando tudo de consolação: como uma mãe consola seu filho, assim vos consolarei, diz o Senhor.

Como o vento dispersa a palha no ar, assim o Senhor tinha dispersado Israel por todos os países da terra. Mas terminou o tempo de provação e de aflição. Porque, se por um "breve instante" Israel tinha sido abandonado, foi acolhido de novo com imenso carinho e, desta vez, definitivamente. De agora em diante, os montes podem balançar e as colinas afundar no mar, mas meu carinho não se afastará de teu lado, diz o Senhor que sente ternura por ti (Is 54,10). Acaso pode uma mãe esquecer o filho de suas entranhas, que está amamentando? Pois, ainda que acontecesse esse impossível, eu nunca vou me esquecer de ti (Is 49,15).

* * *

Nesse contexto geral está o Salmo 103, salmo em que se condensaram todas as vibrações da ternura humana, transferidas desta vez para os espaços divinos.

Desde o versículo primeiro, o salmista entra em cena, comovido pela benevolência divina e levantando o estandarte da gratidão. Salta do fundo de si mesmo, dirigindo a si mesmo a palavra, expressando-se no singular que, gramaticalmente, denota um grau intenso de intimidade, usando a expressão "alma minha" e concluindo "com todo o meu ser".

No versículo segundo continua ainda do mesmo modo pessoal, dialogando consigo mesmo, dizendo: "não esqueças seus benefícios". Imediatamente – sempre lembrando a si mesmo – solta uma visão panorâmica diante da tela de sua mente: o Senhor perdoa as culpas, cura as doenças e te livrou das garras da morte (v. 3-4). Não só: e aqui o salmista deixa-se arrastar por uma corrente impetuosa, cheia de inspiração:

ele te cumula de graça e de ternura,
sacia de bens todos os teus anelos
e, como uma águia, renova tua juventude (v. 4-5).

Não importa que te digam que és pó e fumaça, e nem que tu mesmo te sintas assim. A graça e a ternura revestirão teus ossos carcomidos de uma nova primavera, e haverá esplendores de vida sobre teus vales de morte. Por que temer? Uma juventude que sempre se renova, como a da águia, visitar-te-á cada amanhecer. E teus desejos, que palpitam em teu interior mais secreto, serão completamente saciados de felicidade. Tudo será obra do Senhor. Para que ter medo? Para que chorar?

No versículo 6 o salmista faz uma transição. Passa da experiência pessoal para a contemplação dos feitos históricos protagonizados pelo Senhor em favor de seu povo. Foi uma história prodigiosa. Por sua pura iniciativa, inteiramente gratuita, o Senhor estendeu suas asas sobre Israel, que foi tribo nômade e povo escravizado, errante de país em país, sempre desprezado sob céus estrangeiros.

Como protagonista absoluto da história, o Senhor os defendeu contra a prepotência dos poderosos, escureceu a terra de seus opressores, em vez de chuva mandou-lhes granizo, suas vinhas e bosques foram pasto das chamas, nuvens de insetos assolaram seus campos, e o terror caiu sobre toda a terra. Os opressores não tiveram outro jeito senão deixar em liberdade Israel, que foi conduzido amorosamente e instalado na terra prometida. Tudo isso está sinteticamente descrito nos versículos 6 e 7, e amplamente narrado no Salmo 106.

Misericórdia

Outra vez a misericórdia! Seja sempre bem-vinda! Não há palavra melhor para definir Deus. Ela expressa admiravelmente os traços fundamentais do rosto divino. Além disso, é filha predileta do amor e irmã da sabedoria. Nasce e vive entre o perdão e a ternura.

Essas duas palavras, profundamente aparentadas – ternura e misericórdia – sintetizam a riqueza viva desses sete magníficos versículos, 8-14, fragmento de sabor tão evangélico.

Todas as experiências vividas por Israel ao longo dos séculos, e pelo salmista ao longo de seus anos, estão expressas nesta fórmula que parece o artigo fundamental da fé de Israel: "O Senhor é compassivo e misericordioso, lento na ira e rico em clemência" (v. 8).

Israel – e o salmista – que conviveu muito tempo com o Senhor, com todos os altos e baixos de uma prolongada convivência, sabe por experiência que o ser humano é balouçante, capaz de deserção e de fidelidade, mas que o Senhor se mantém imutável em sua fidelidade, não se cansa de perdoar, compreende sempre porque sabe de que barro somos feitos.

Para Ele, perdoar é compreender, e compreender é saber. Sabe que o homem muitas vezes faz o que não quer e deixa de fazer o que gostaria, que vive permanentemente naquela encruzilhada entre a razão que vê claro o caminho a seguir e os impulsos que o arrastam por rumos contrários.

Por isso não lhe custa perdoar, e o perdão é acompanhado de ternura. Chamamos isso de misericórdia, sentimento-atitude esplendidamente expressado neste versículo: "O Senhor é clemente e misericordioso, lento na cólera e rico em piedade. O Senhor é bom com todos, é carinhoso com todas suas criaturas" (Sl 145,8). Parece uma fórmula litúrgica que, com variantes, vai aparecendo nos diversos salmos, e que o povo proclamava como a verdade fundamental a respeito de Deus.

* * *

A partir do versículo 9 o salmista se mete nas próprias entranhas de Deus, isto é, na misericórdia, e, depois de esmiuçar todos os tecidos que a constituem, vai tirando para a luz os mecanismos e impulsos que movem o coração de Deus.

Puseram-lhe a fama de que não faz outra coisa senão levantar o dedo e acusar, e de que guarda as contas pendentes até a terceira e quarta geração. Mas não é nada disso. Pelo contrário: o povo sabe que se o Senhor nos tratasse de acordo com nossas culpas, quem poderia respirar? Se usasse conosco o "olho por olho", estaríamos aniquilados. "Não nos trata como merecem nossos pecados, nem nos paga segundo nossas culpas" (v. 10).

Muito mais. Se nossos excessos, amontoados uns em cima dos outros, alcançassem o cume de uma montanha, sua ternura alcança a altura das estrelas. Há alguém no mundo que possa esquadrinhar as profundidades do mar, feitas de silêncio e escuridão? Muito mais profundo é o mistério de seu amor.

Quem conseguiu tocar com as mãos os picos de neves eternas? Que olho penetrou as imensidades do espaço para explorar seus mistérios? Pois bem, se nossos desvios e apostasias tocassem todos os tetos do mundo, o largo-e-longo-alto-e-profundo de sua misericórdia alcança e ultrapassa todas as fronteiras do universo. Bendize, alma minha, o Senhor. "Como o céu se levanta sobre a terra, levanta-se sua bondade sobre os fiéis. Como dista o nascente do ocaso, assim afasta de nós nossos delitos" (v. 11-13).

* * *

Nos versículos seguintes, a misericórdia e a ternura dão-se as mãos explicitamente: "como um pai tem ternura por seus filhos, o Senhor tem ternura por seus fiéis; porque Ele conhece nossa massa, lembra-se de que somos barro" (v. 13-14). Aqui entram na dança, sincronizadamente, a compreensão, o perdão, a misericórdia e a ternura.

O homem, "esse desconhecido", é digno de compaixão? Não, de compreensão. Afinal, o problema não é perdoar mas compreender, e compreender equivale a ter uma visão global e objetiva de alguém, olhar alguém de dentro dele mesmo. Mas o homem (só e único, fechado dentro de seus muros) não é capaz de sair de si, de entrar no outro, de observá-lo "de dentro". Deus é capaz. Por isso, eu diria que nosso Deus não é o Deus do perdão, mas da compreensão, e a compreensão se transforma rapidamente em compaixão (capacidade de sofrer *com*), e a compaixão desemboca finalmente na ternura. Esse é o processo que vislumbramos nos versículos 13-14.

Tendo-o modelado entre seus dedos com um pouquinho de barro, o Senhor conhece perfeitamente a matéria e o mistério do homem: é alguém que deseja muito e pode pouco. A razão diz uma coisa, a emoção diz outra. Luta para agradar outra pessoa, e não consegue. Esforça-se por viver em harmonia com todos, e frequentemente vive em conflito. Lutou muitos anos para ser humilde e equilibrado, mas não pode. Sua mente é uma prisão em que se sente preso, e não consegue sair desse cerco. Sem poder compreender-se, desconhecido para si mesmo, na posse de uma existência e de uma personalidade que não escolheu, nascido para morrer, sem poder agir como desejaria, sem saber o que fazer consigo mesmo...

Como não ter piedade de um ser tão infeliz? Conhecendo-o por dentro, como Deus o conhece, como não se comover diante de um mistério tão doloroso? A compreensão, a compaixão e a ternura (numa palavra, a misericórdia) são os sentimentos naturais que inevitavelmente surgem no coração de Deus diante do barro humano. Por isso afirmo que há uma enorme sabedoria nos versículos 13-14, em que, diante da contemplação da miséria humana, é a ternura e não a cólera que surge no coração de Deus.

No livro da Sabedoria há um trecho enternecedor que sintetiza o espírito do Salmo 103: "Tu te compadeces de todos porque podes tudo, e dissimulas os pecados dos homens para que se arrependam. Amas a todos os seres, e nada do que fizeste te aborrece; pois, se odiasses alguma coisa, não a terias criado. Mas Tu perdoas tudo porque tudo é teu, Senhor que amas a vida" (Sb 11,23-26). Perdoa e ama, e não pode deixar de amar.

Repetimos. Diante da miséria moral e da fragilidade humana, em vez de sentir rancor e cólera, Deus tem piedade e compaixão. Não podia ser de outra maneira porque nos conhece melhor que nós mesmos, e por isso nos compreende e perdoa mais facilmente que nós mesmos. De onde concluímos como é sábio e realista o conteúdo da revelação de Jesus quando diz que os últimos serão os primeiros, que os pobres são especialmente amados, que os feridos e pecadores têm as preferências e os cuidados do Pai e que, enfim, o Papai do Céu derrama seu carinho sobre a ressaca humana deixada pelo rio da vida. E que, quanto mais miséria, maior ternura, porque, no fim, só o amor pode curar a miséria. Quanta sabedoria!

* * *

Nos quatro versículos seguintes (v. 15-18), o salmista mantém o mesmo motivo central e nos diz que a caducidade e fugacidade humanas invocam e provocam a misericórdia eterna.

O homem não vale nada. Não passa de um sonho. Sua vida é uma comédia. Seus dias são como um sorriso que se acende e apaga, como a erva do campo que aparece de manhã e morre de tarde. O homem é uma estátua de fumaça, que o vento leva (v. 16). Uma calamidade.

Mas a misericórdia vai brilhar como as estrelas eternas por cima dos ossos queimados e das cinzas, e contornará os fracos, abraçando essa estátua de sombra que é o homem para dar-lhe vida, encher seu rosto de sorriso, firmar seus ossos e, como uma corrente vital, ir acendendo por contato todas as gerações, até que as estrelas se apaguem (v. 17-18).

Viva o nosso Deus compassivo! (v. 19-22). Formemos uma orquestra sinfônica e cósmica com todas as vozes do universo. Venham os exércitos do alto e os servidores da terra (v. 21). Aproximem-se os poderosos executores de suas ordens, os anjos (v. 20). Emprestemos voz aos minerais e aos mananciais, aos picos nevados e às estrelas apagadas para gritar, todos juntos, de braços levantados: Aleluia para o que era, é e será! Honra, esplendor e louvor para Aquele que cavalga eternamente sobre a nuvem branca da misericórdia! Glória no mais alto dos céus!

E, para terminar, o salmista cala todas as vozes, apaga a orquestra cósmica, desce em silêncio até a última solidão de si mesmo, até o nível mais profundo de sua intimidade e, com a mais total concentração, dá esta ordem: Alma minha, bendize o Senhor! (v. 22).

XI
Quando as forças declinam

Há uma lei constante que atravessa como um meteoro os céus da História da Salvação: só os pobres possuirão a Deus. Os ricos já têm o seu deus; seu coração já está ocupado. E ricos não são somente os que dispõem de sólidas contas bancárias, mas também os que gozam de uma firme instalação na vida: êxito, prestígio, saúde.

Quando um homem se encontra na posse de uma propriedade, esta reclama o proprietário e, entre os dois, estabelece-se uma apropriação, pela qual a propriedade submete e escraviza o dono, transformando-se em objeto de culto e de adoração. Até as entranhas do dono, num movimento de adesão e rendimento, vão atrás da propriedade, já transformada em ídolo, absorvendo as melhores forças do coração: tempo, preocupação, devoção. Na verdade, como é difícil um rico entrar no Reino de Deus!

Quando o homem se identifica com seu ídolo, numa funesta simbiose, transforma-se ele mesmo em um pequeno deus de si mesmo. No final desse processo, encontra-se na posse de um tesouro que *é ele mesmo*, brincando de "deusinho" em um minúsculo estádio, esquecendo que sua salvação consiste em estar aberto no mais profundo de seu ser, e de que sua riqueza consiste em ser pobre em si mesmo.

* * *

Por isso, aparece constantemente nos salmos a condição indigente e fugaz do homem, reclamando, por contraste, a solidez de Deus. Aparece a fragilidade moral ou pecado como a pobreza humana mais radical que, por sua própria natureza, reclama a presença misericordiosa do Senhor.

Ser pobre consiste fundamentalmente na carência de algo: saúde, pátria, prestígio, amor, estima... O esfomeado é pobre porque precisa de alimento para sobreviver. O exilado é pobre porque perdeu sua pátria. A esposa abandonada é pobre porque precisa do marido. O perseguido precisa de compreensão, ou justiça, ou acolhida. O caluniado perdeu o prestígio.

Um dado interessante: em um número elevado de salmos, o salmista se eleva a Deus a partir da experiência de alguma indigência humana. Nos Salmos 13, 17, 22, 88, da experiência de uma extrema aflição; no Salmo 71, da experiência da ancianidade; no Salmo 30 e outros, da experiência da iminência da morte; nos Salmos 35, 55, 57, 69, da experiência da perseguição; nos Salmos 38, 51 e outros, da experiência do pecado. A lista seria interminável. É a constante da pedagogia do Senhor: deixa o homem se afundar no abismo da indigência; é aí que começa sua ascensão para Deus.

A observação da vida me ensinou esta comprovação: no caminho da vida, quando uma pessoa, em determinada oportunidade, teve um forte processo de conversão, foi quase sempre a partir de uma dura crise, de uma experiência interior intensa de alguma indigência, como fracassos, desgostos, desilusões. A experiência demonstra que, nos planos divinos, as provas da vida são a pedagogia ordinária de Deus para com seus filhos. Quando os ídolos caem e as colunas balançam, aí é que Deus pode transformar-se em *meu Deus*.

Na ancianidade (Sl 71[70])

É um salmo verdadeiramente formoso e interessante. Em suas dobras sentimos a todo momento uma profunda intimidade. E uma confiança quase invencível cruza seu firmamento de ponta a ponta.

Derrubado como uma casa em ruínas, já próximo das portas do abismo, o salmista ancião olha para trás, olha para diante, move-se entre agitados contrastes, entre a impotência e a esperança e, apesar dos contrastes, uma serenidade revestida de ternura está presente entre suas linhas a todo momento. É um salmo de grande consolação.

Apesar disso, o Salmo 71 não estende nenhuma ponte para o Além. Jamais levanta os olhos acima do horizonte. O salmista ancião conforma-se em continuar vivendo mais alguns anos nesta terra. Não tem asas de transcendência. Falta-lhe o olhar cristão na direção da Pátria e da ressurreição final. Por isso, apesar de sua beleza, o salmo parece curto.

* * *

Nos três primeiros versículos sentimos o salmista como que nervoso, tenso. Parece um homem em perigo iminente, talvez acossado por feras que o cercam de todos os lados. Ajuda-me, salva-me, olha que estou em grave perigo. Se eu sucumbir, que vão dizer meus inimigos? Preciso de Ti. Sê minha rocha de refúgio, minha fortaleza invulnerável, âncora de salvação (v. 1-3).

Nesse ponto, o salmista volta o olhar para o passado, abarca de relance todos os anos de sua vida, volta até a infância e, comovedoramente, faz-nos uma deslumbrante evocação (v. 5-8), transmitindo-nos um mundo de ternura. Deus o tinha feito vibrar desde a aurora de sua vida, e ele sempre tinha sido sensível aos encantos divinos (v. 5).

Numa atitude audaz, volta até o seio materno. Tem consciência clara de que, desde então, desde o embrião, foi tocado pelo dedo de Deus: Já naquele tempo me apoiava em Ti mais do que em minha própria mãe. Desde então Tu foste a essência de minha vida; ainda no seio materno eu respirava, subsistia, era em Ti. Minha mãe me carregava no seio, mas eu estava dentro de Ti (v. 6). Sintetizando o conteúdo desse versículo, e abarcando todos os horizontes, o salmista conclui com emoção: "Eu sempre confiei em Ti".

* * *

Desempoeirando os velhos arquivos, o salmista lembra momentos assombrosos: era tanta sua galhardia interior e sua plenitude que "muitos me olhavam como a um milagre" (v. 7). Mas nisso não houve mérito nenhum de minha parte. Tudo acontecia porque eu estava contagiado por tua força. Eu parecia um muro indestrutível porque Tu eras minha rocha (v. 7).

E o salmista continua a evocação: Tive uma existência brilhante diante de todos. Tua glória resplandeceu através de meus passos e de meus dias. Ao longo de meus anos deixei resplendores e luz nas noites, e marcas de teus pés em meus dias. Tudo foi obra tua. Minha existência e minha garganta não cessaram de soltar teus louvores a todos os ventos (v. 8).

Agora no ocaso

Depois dessa evocação, o salmista baixa o olhar, olha para si mesmo, e se vê como madeira carcomida, como muro desmoronado, acossado pela doença, sem forças. Para maior mal, os raquíticos de sempre se divertem com essa situação, fazendo dela prato favorito de suas piadas e gozações. É isso que mais dói para o salmista. Haveria desgraça maior? Sim. Para cúmulo da infelicidade, todas essas desgraças estão caindo sobre ele porque – dizem – Deus o abandonou (v. 9-11).

Nesse momento o salmista salta como uma mola do poço de sua impotência, apelando para a justiça divina e lançando imprecações contra seus detratores (v. 12-13). Sempre o instinto de vingança à flor da pele! Entre o versículo 13 e o 14 há uma violenta transição, do abatimento para a euforia, sem dúvida por causa da experiência geral de sua vida: pelo que aconteceu em sua história passada, o salmista sabe de antemão que seu apelo será atendido, e a confissão pública é um fato assegurado.

De fato. Depois dessas imprecações, saltando de contraste em contraste, o velho salmista solta as rédeas em três versículos vitoriosos, todos começando com "eu porém", para proclamar sua segurança firme de que vai ser atendido pelo Senhor. E já está pensando no próximo louvor. Sua esperança jamais decairá, mesmo que caiam as estrelas e os montes se afundem no mar (v. 14). Minha boca não se fechará. Serei um rapsodo incansável para narrar tuas proezas, Senhor meu, e contar tua vitória, obra exclusivamente tua (v. 16).

* * *

Em suas típicas transposições de planos e alterações anímicas, o velho salmista, cheio de gratidão e em um tom sumamente comovido, volta, nos versículos seguintes (v. 17-20), à recordação dos anos passados, anos repletos de milagres e maravilhas: desde os anos de minha juventude foste minha tocha, desde a aurora até o ocaso me mantinhas em pé, causando assombro a todos os espectadores (v. 17).

Mas agora que sou velho, agora que os cabelos brancos me coroam e o vigor se afastou para sempre, não me abandones agora, meu Deus. Mantém meus nervos em alta tensão, dá-me um sopro de vida, mais outro, até eu acabar minha tarefa, a de descrever o poder de teu braço diante da assembleia das gerações futuras. Preciso de um pouco mais de vida para contar aos incrédulos de sempre tuas indescritíveis proezas, tuas memoráveis vitórias, aquelas façanhas que emudeceram os grandes da terra, "meu Deus, quem como Tu?" (v. 19).

Depois dessa ardente súplica, o salmista ancião manifesta nos versículos 20-24 uma serena confiança no futuro, a partir, sem dúvida, de suas experiências passadas: depois de tanta fraqueza, sérias enfermidades e desprezo dos prepotentes, eu sei que uma desusada primavera desabrochará em minhas veias, desde o abismo da terra vou me levantar como um talo esbelto, e de novo a árvore da vida vai florescer em meu jardim (v. 20).

Não só. Minha respeitabilidade diante da assembleia do povo vai aumentar consideravelmente, e os povos terão que reconhecer, mudos e assombrados, e confessar diante da face da terra que Tu és o herói dessas proezas (v. 21). Ainda mais: eu sei que hei de saborear a fruta mais deliciosa da vida, tua consolação. Sim, eu hei de beber um copo desse vinho que me causará uma alta embriaguez. Sei que te aproximarás de mim com a ternura de uma mãe, e me consolarás, e me enfaixarás as feridas (v. 21).

Naquele dia, tomarei em minhas mãos as harpas vibrantes e as cítaras de ouro, entoarei para ti de madrugada uma melodia imortal, e ao anoitecer te louvarei com muitas vozes, ó Santo de Israel (v. 22), e esta alma, agradecida e feliz por ter sido resgatada da fossa profunda, aclamar-te-á noite e dia, sem cessar, eternamente (v. 23-24).

No exílio (Sl 42[41])

Salmo cheio de tensão e de força interior. Vibra em suas linhas o drama de uma saudade, a saudade de um israelita, ao que parece um levita, que vive suspirando por sua pátria, que a identifica com o templo, ao qual, por sua vez, identifica com Deus. O objetivo final de tão densa saudade é, portanto, o próprio Deus.

É um salmo cheio de inspiração, tanto de fundo como de forma. Em suas linhas há evocações poéticas de alto poder, muito movimento, com frequência não isento de agitação, com constantes subidas e descidas de tensão.

O salmista entra no cenário com dois versículos notavelmente vigorosos, transpirando saudades infinitas de Deus. Para se expressar graficamente recorre à comparação da sede fisiológica experimentada por esses ruminantes de pernas compridas, os cervos. Estes, depois de subir e descer cumes e riscos, buscam, devorados pela sede, sombrias quebradas de frescas águas. Identificando Deus com o templo, solta um anelo profundo e incontível: "Quando poderei entrar para ver o rosto de Deus?" (v. 3).

Depois desse desabafo, o salmista concentra-se em si mesmo e em sua situação e, com palavras amargas, descreve sua condição de exilado em um país não amigo, mas hostil. Lágrimas, lágrimas salgadas com seu alimento e bebida, de dia e de noite, lágrimas feitas de tristeza e vergonha, quando os estrangeiros lhe dizem com sarcasmo: "Onde está teu Deus?" (v. 4).

Em seguida, o desterrado consegue dar-nos em um só versículo (v. 5) uma esplêndida evocação de outros tempos, tempos de ouro, lá em sua pátria, começando com a expressão "lembro outros tempos".

É a desgraça de um exilado, entre tantas: não pode desabafar com ninguém. Os estrangeiros não se importam com suas penas, que não compreendem e os deixam insensíveis. Então o exilado busca instintivamente um interlocutor que o compreenda e não encontra senão *ele mesmo*, em um desdobramento de personalidade. Por isso diz: "desabafo minha alma comigo".

Conta a si mesmo as lembranças mais enternecedoras: quando caminhava abrindo a procissão, na frente do povo, para a Casa do Senhor, entre aleluias, vivas e hurras, no meio de multidões em festa (v. 5).

Diante dessa recordação, o salmista sente uma tristeza mortal que não pode dissimular e, como não pode esperar consolação de ninguém em terra estrangeira, continua, naquele desdobramento de personalidade, o estranho diálogo consigo mesmo: Alma minha, por que essa preocupação? Por que essa perturbação? Ânimo! Haverá outra vez regresso e festa, pátria e canções, e voltarás a gritar com toda força: "salvação de meu rosto, Deus meu" (v. 6).

Montanhas e cascatas

O salmista desterrado continua consigo mesmo, entre a saudade e a esperança, consolando-se como pode.

Pelo visto era oriundo do País do Norte e, de repente, surgem em sua mente os lugares da infância, lá longe: as montanhas mais altas da pátria, o grande maciço do Hermon, com suas neves eternas, e o *monte menor*, o Misar. Por suas encostas desce alegremente, como um filhote de cervo, o jovem Jordão. Nesse cenário tinha nascido e crescido outrora sua amizade com Deus. Agora, quando o evoca, desperta vivamente a lembrança do Senhor.

Com fantasia poética de alta inspiração, o exilado entrega-se a um jogo de simbolismos e realismos.

Efetivamente, nas encostas do Hermon, a água, incrivelmente clara e fresca, desce saltando e cantando de queda em queda. O salmista imagina como uma queda dedica à outra uma canção com voz de cascatas: "Tuas torrentes e tuas ondas me arrastaram" (v. 8). Um símbolo: da mesma maneira, em sua alma, as ondas da tristeza e as torrentes da aflição afogaram toda a planície.

No meio dessas alterações agitadas brilha de repente o sol da esperança para o exilado: Eu sei que meu Deus me olhará com ternura e me envolverá com o manto da misericórdia de manhã. De noite entoarei ao som da cítara uma serenata de amor para meu Senhor (v. 9).

Abruptamente, o salmista cai de novo na lamentação desesperada, desafiando a Deus: Rocha minha, por que me deixas na região do esquecimento? Por que tenho que andar cabisbaixo e sombrio, eternamente fustigado pelo inimigo? (v. 10). Meus ossos se arrebentam e estouram meus tímpanos quando me jogam na cara este punhado de barro: "Onde está teu Deus?"

Depois de tantos altos e baixos, finalmente o salmista desce ao vale da serenidade e, dialogando consigo mesmo, entrega-se definitivamente nas mãos da esperança (v. 12).

Na perseguição e na calúnia (Sl 55[54]; 57[56] e 69[68])

Injustiça, incompreensão, maledicência, arbitrariedade, sarcasmo... há de tudo na perseguição, tanto no âmbito familiar como em outros mais amplos. A perseguição é uma erva amarga, mais amarga que a doença, às vezes mais temível que a própria morte.

Como a benevolência, tanto dada como recebida, é o primeiro instinto humano, o homem se sente mal quando não o querem bem, pior quando lhe querem mal, e pior ainda quando o rechaçam.

No círculo central de uma perseguição há noites de insônia, altercações, taquicardias, boatos alarmantes, momentos de pânico, questões nos tribunais, há de tudo. Nessa situação, quando o navio faz água por todos os lados, onde vou me agarrar? Onde vou me refugiar? Deus, Deus é a única âncora de salvação no meio do naufrágio universal. Em numerosas oportunidades vemos o salmista, estonteado no meio da iniquidade humana, quase afogado, levantando os braços e implorando o auxílio do Senhor.

Os Salmos 55, 57 e 69, escritos em uma grande tribulação, complementam-se um ao outro. No Salmo 55, os olhos do salmista estão fixos quase que exclusivamente em sua desgraça, e só os levanta para seu Deus libertador. O mesmo acontece no Salmo 69, que se distingue pela virulência de suas imprecações. Já no Salmo 57 (como também no 56 e no 58), o salmista se levanta vigorosamente da fossa da aflição, procurando em Deus seu refúgio e proteção.

Salmo 55 – Nos seis primeiros versículos, o salmista descreve sua perturbação interior com palavras gráficas. Meus inimigos! Há enxofre em suas veias, respiram fúria, suas palavras são línguas de fogo. O medo crava suas garras como uma fera em minhas entranhas e me retorce todo. O espanto é minha mortalha. O pavor me adere à carne como roupa molhada. Não sei para onde olhar nem em que direção caminhar. Estou em alto-mar.

Nos versículos 6-10 aparece na mente do salmista o instinto de fuga, como o grande sonho de libertação: "quem me dera asas de pomba" (v. 7). Poder voar como uma pomba, voar longe, muito longe deste vespeiro, cruzar o firmamento para um mundo longínquo e pousar em um ponto altíssimo, onde não cheguem nem os ecos das línguas maldizentes nem os dardos envenenados.

Sonhos impossíveis! O salmista acorda (v. 11-12) da ilusão de fuga, pousa de novo os pés no chão de sua cidade, levanta os olhos e o que vê? A violência montando guarda em cima das muralhas, o crime vicejando em um ninho de víboras, e a calamidade geral, escoltada pela crueldade e o engano, ocupando completamente a praça principal. Não dá para fugir. Por que iludir-se?

Mas, no meio desse horror, há um dado que transborda todas as medidas: se os que desejam sepultar-me fossem os traidores de sempre, os semeadores de catástrofes e apóstolos da iniquidade, minha dor seria mais tolerável. Mas o traidor eras tu, meu confidente e amigo que comias em minha mesa, tu que ias amigavelmente comigo para a Casa do Senhor no bulício da festa (v. 13-15).

Em seguida (v. 16-24) o salmista dirige dardos de fogo contra seus inimigos e promessas de fidelidade a seu Deus, tudo estranhamente misturado. Por isso, o Salmo 55 não oferece aos que são vítimas de perseguição meios adequados para se sentirem livres e fortes.

Salmo 69 – Neste salmo há três elementos fundamentais; uma análise profunda de suas desgraças; um refugiar-se incessante, mas alternadamente, em Deus; e as imprecações que não podiam faltar.

O salmista é um indivíduo injustamente acusado. Além disso, está seriamente doente. Para cúmulo, asfixia-o uma cadeia de aflições de todas as cores. Sua situação é desesperadora, e ele faz uma poderosa descrição lançando, de entrada, um grito assustador: "Salva-me, Deus meu". As águas me chegam ao pescoço, o rio está crescendo e a corrente me arrasta para o centro do torvelinho. Estou afundando no barro profundo e não sei onde firmar os pés.

Estou com a garganta arrebentada de tanto gritar e meus olhos já estão vidrados de tanto esperar (v. 2-4).

A descrição continua com pinceladas poderosas ao longo de todos os versículos, alternando com momentos de súplica, cheios de confiança:

Os que me odeiam sem razão e sem motivo são mais numerosos que os cabelos de minha cabeça e seus ataques são mais duros que meus ossos (v. 5). Meus irmãos me olham como um estranho, sou como um estrangeiro na casa de minha mãe. Tudo isso está acontecendo porque o zelo de tua Casa me queima como fogo devorador, e as afrontas que os ímpios lançam contra Ti caíram sobre mim como facas afiadas. Quando, em tua honra, me entrego ao jejum, o sorriso caçoador já aflora em suas caras, e quando me veem rezar sentam-se à porta para me dedicar versinhos mordazes, sem parar de tomar vinho (v. 9-13).

* * *

Em seguida, ao longo de 24 versículos, a súplica do salmista se eleva, ardente, salpicada de veementes anátemas contra seus inimigos. O apelo é múltiplo, insistente, quase esmagador, com variadíssimos motivos e formas literárias: imploro tua bondade, teu favor, tua fidelidade. Tira-me deste barro, por favor não me afundes, livra-me das águas profundas, que a corrente não me arraste, que o torvelinho não me engula. Aproxima-te de mim, responde-me depressa, resgata-me, preciso de consolação e ninguém me ajuda (v. 14-22).

Nos oito últimos versículos a esperança, finalmente, levanta a cabeça. A alma, até então em trevas, começa a amanhecer, e a alegria cobre de sorrisos suas grutas e campos, como uma primavera. Numa reação final, o salmista, esquecido de si mesmo, diz palavras de alento aos pobres e humildes. E aterriza o salmo com uma cosmovisão alentadora da salvação universal.

Apesar de longo, o Salmo 68 pode proporcionar muita consolação às pessoas envolvidas na tribulação.

Salmo 57 – Embora o salmista esteja "lançado entre leões devoradores de homens, cujos dentes são lanças e flechas e cuja língua é uma espada afiada" (v. 5), e embora "lhe tenham estendido uma rede e cavado uma fossa" (v. 7), o Salmo 57 mantém o tom maior, com uma incessante confiança percorrendo suas entranhas do começo ao fim. Para as pessoas que são vítimas de perseguições e arbitrariedades, o Salmo 57 (como também o 62), pode ser bálsamo de consolação e torre de liberdade. É um complemento magnífico dos já analisados.

O salmista começa implorando reiteradamente a proteção divina, e o faz com expressões belíssimas: "Misericórdia, Deus meu, misericórdia, que minha alma se refugie em Ti; eu me refugio à sombra de tuas asas enquanto passa a calamidade" (v. 2).

Sou uma choça açoitada pela fúria de um vendaval. Tenho medo, meu Deus, medo de ser arrancado como uma folha de outono e levado sem rumo. Quero me agarrar a Ti, Rocha Imutável, e abrigar-me sob tuas asas enquanto passa essa força assoladora. Meus detratores vão ficar confundidos quando virem, assombrados, como tua graça e lealdade me envolvem (v. 4) como um manto de onipotência e me mantêm imunizado diante das flechas envenenadas.

* * *

Nos versículos finais (v. 8-22) o salmo se transforma em um hino triunfal, pleno de alegria e esplendor. A alma que viveu aprisionada nos dentes da aflição não só experimenta nestes versículos a sensação de libertação, mas também a de uma ressurreição com a alegria, luz e vida que lhe são características.

Acabou-se o pavor dos miseráveis da terra, dos de língua afiada. Acabaram-se os sustos e sobressaltos. Numa palavra, acabaram-se os inimigos. Não foi a terra que os engoliu, mas o Senhor que me libertou do medo, medo de meus detratores. Agora meu coração está livre, imutável, seguro. Meu coração está firme, meu Deus (v. 8).

Que venham às minhas mãos a cítara e a harpa, porque vou tocar e cantar para meu Senhor (v. 9). Desperte a aurora, que já está na hora de ressoar minha música imortal por todos os lados. Glória e esplendor, alegria e festa diante dos povos e das nações de todo o mundo para o Senhor libertador, o Deus da misericórdia (v. 10). Fique patente diante dos grandes da terra que seu amor enche a largura do firmamento e sua fidelidade chega até as nuvens mais elevadas (v. 11).

Deus meu, resplandeça tua face acima dos astros e transborde tua glória pelas fronteiras do mundo (v. 12).

Salmos comentados neste livro

Nota: A versão brasileira dos Salmos foi transcrita do livro *Liturgia das Horas* e da *Bíblia Sagrada*, edição Vozes, quando o salmo não consta por extenso em *Liturgia das Horas*.

O autor, Inácio Larrañaga, baseou-se numa versão espanhola, e por isso os termos e períodos citados em aspas não condizem literalmente com a versão brasileira. Mas isto em nada prejudica as reflexões espirituais que transcendem a terminologia linguística.

SALMO 31(30)

– ² Senhor, eu ponho em vós minha esperança;
   que eu não fique envergonhado eternamente!
= Porque sois justo, defendei-me e libertai-me,
   ³ inclinai o vosso ouvido para mim;
   apressai-vos, ó Senhor, em socorrer-me!

– Sede uma rocha protetora para mim,
   um abrigo bem seguro que me salve!
– ⁴ Sim, sois vós a minha rocha e fortaleza;
   por vossa honra orientai-me e conduzi-me!
– ⁵ Retirai-me desta rede traiçoeira,
   porque sois o meu refúgio protetor!

– ⁶ Em vossas mãos, Senhor, entrego o meu espírito,
   porque vós me salvareis, ó Deus fiel!
– ⁷ Detestais os que adoram deuses falsos;
   quanto a mim, é ao Senhor que me confio.

– ⁸ Vosso amor me faz saltar de alegria,
   pois olhastes para as minhas aflições
   e conhecestes as angústias de minh'alma.
– ⁹ Não me entregastes entre as mãos do inimigo,
   mas colocastes os meus pés em lugar amplo!

=¹⁰ Tende piedade, ó Senhor, estou sofrendo:
   os meus olhos se turvaram de tristeza,
   e o meu corpo e minh'alma definharam!
– ¹¹ Minha vida se consome em amargura,
   e se escoam os meus anos em gemidos!
– Minhas forças se esgotam na aflição,
   e até meus ossos, pouco a pouco se desfazem!

– ¹² Tornei-me o opróbrio do inimigo,
  o desprezo e zombaria dos vizinhos,
  e objeto de pavor para os amigos;
  fogem de mim os que me veem pela rua.

– ¹³ Os corações me esqueceram como um morto,
  e tornei-me como um vaso espedaçado.

– ¹⁴ Ao redor, todas as coisas me apavoram;
  ouço muitos cochichando contra mim;
– todos juntos se reúnem, conspirando
  e pensando como vão tirar-me a vida.

– ¹⁵ A vós, porém, ó meu Senhor, eu me confio,
  e afirmo que só vós sois o meu Deus!

– ¹⁶ Eu entrego em vossas mãos o meu destino;
  libertai-me do inimigo e do opressor!

– ¹⁷ Mostrai serena a vossa face ao vosso servo,
  e salvai-me pela vossa compaixão!

= ¹⁸ Senhor, não fique eu decepcionado,
  pois te envoquei!
  Fiquem decepcionados os ímpios,
  reduzidos ao silêncio do abismo!

= ¹⁹ Fiquem mudos esses lábios mentirosos,
  que contra o justo proferem insolências,
  com arrogância e desprezo!

– ²⁰ Como é grande, ó Senhor, vossa bondade,
  que reservastes para aqueles que vos temem!
– Para aqueles que em vós se refugiam,
  mostrando, assim, o vosso amor
  perante os homens.

– ²¹ Na proteção de vossa face os defendeis
  bem longe das intrigas dos mortais.
– No interior de vossa tenda os esconderis,
  protegendo-os contra as línguas maldizentes.

– ²² Seja bendito o Senhor Deus, que me mostrou
   seu grande amor numa cidade protegida!

– ²³ Eu que dizia quando estava perturbado:
   "Fui expulso da presença do Senhor!"
– Vejo agora que ouvistes minha súplica,
   quando a vós eu elevei o meu clamor.

– ²⁴ Amai o Senhor Deus, seus santos todos,
   ele guarda com carinho os seus fiéis,
   mas pune os orgulhosos com rigor.
– ²⁵ Fortalecei os corações, tende coragem,
   todos vós que ao Senhor vos confiais!

SALMO 63(62)

– ² Sois vós, ó Senhor, o meu Deus!
  Desde a aurora ansioso vos busco!
= A minh'alma tem sede de vós,
  minha carne também vos deseja,
  como terra sedenta e sem água!

– ³ Venho, assim, contemplar-vos no templo,
  para ver vossa glória e poder.
– ⁴ Vosso amor vale mais do que a vida:
  e por isso meus lábios vos louvam.

– ⁵ Quero, assim, vos louvar pela vida,
  e elevar para vós minhas mãos!
– ⁶ A minh'alma será saciada,
  como em grande banquete de festa;
– cantará a alegria em meus lábios,
  ao cantar para vós meu louvor!

– ⁷ Penso em vós no meu leito, de noite,
  nas vigílias suspiro por vós!
– ⁸ Para mim fostes sempre um socorro;
  de vossas asas à sombra eu exulto!
– ⁹ Minha alma se agarra em vós;
  com poder vossa mão me sustenta.

– ¹⁰ Mas os que intentam tirar-me a vida
  desçam às profundezas da terra!
– ¹¹ Sejam entregues ao fio da espada,
  sejam presa dos chacais!
= ¹² O rei, porém, se alegrará em Deus; os que juram
  por ele, felicitar-se-ão,
  pois será fechada a boca dos mentirosos.

SALMO 27(26)

– ¹ O Senhor é minha luz e salvação;
   de quem eu terei medo?
– O Senhor é a proteção da minha vida;
   perante quem eu tremerei?

– ² Quando avançam os malvados contra mim,
   querendo devorar-me,
– são eles, inimigos e opressores,
   que tropeçam e sucumbem.

– ³ Se um exército armar-se contra mim,
   não temerá meu coração;
– se contra mim uma batalha estourar,
   mesmo assim confiarei.

– ⁴ Ao Senhor eu peço apenas uma coisa,
   e é só isto que eu desejo:
– habitar no santuário do Senhor
   por toda a minha vida;
– saborear a suavidade do Senhor
   e contemplá-lo no seu templo.

– ⁵ Pois um abrigo me dará sob o seu teto
   nos dias da desgraça;
– no interior de sua tenda há de esconder-me
   e proteger-me sobre a rocha.

– ⁶ E agora minha fronte se levanta
   em meio aos inimigos.
– Ofertarei um sacrifício de alegria,
   no templo do Senhor.

– Cantarei salmos ao Senhor ao som da harpa
 e hinos de louvor.

– ⁷Ó Senhor, ouvi a voz do meu apelo,
 atendei por compaixão!
– Meu coração fala convosco confiante,
 e os meus olhos vos procuram.
– ⁸ Senhor, é vossa face que eu procuro;
 não me escondais a vossa face!

– ⁹ Não afasteis em vossa ira o vosso servo,
 sois vós o meu auxílio!
– Não me esqueçais nem me deixeis abandonado,
 meu Deus e Salvador!
– ¹⁰ Se meu pai e minha mãe me abandonarem,
 o Senhor me acolherá!

– ¹¹ Ensinai-me, ó Senhor, vossos caminhos,
 e mostrai-me a estrada certa!
– Por causa do inimigo, protegei-me;
 ¹² não me entregueis a seus desejos!
– Porque falsas testemunhas se ergueram
 e vomitam violência.

– ¹³ Sei que a bondade do Senhor eu hei de ver
 na terra dos viventes.
– ¹⁴ Espera no Senhor e tem coragem,
 espera no Senhor!

SALMO 8

– ² Ó Senhor nosso Deus, como é grande
   vosso nome por todo o universo!

– Desdobrastes nos céus vossa glória
   com grandeza, esplendor, majestade.
– ³ O perfeito louvor vos é dado
   pelos lábios dos mais pequeninos,
   de crianças que a mãe amamenta.

– Eis a força que opondes aos maus,
   reduzindo o inimigo ao silêncio.
– ⁴ Contemplando estes céus que plasmastes
   e formastes com dedos de artistas;

– vendo a lua e estrelas brilhantes,
   ⁵ perguntamos: "Senhor, que é o homem,
– para dele assim vos lembrardes
   e o tratardes com tanto carinho?"

– ⁶ Pouco abaixo de Deus o fizestes,
   coroando-o de glória e esplendor;
– ⁷ vós lhe destes poder sobre tudo,
   vossas obras aos pés lhe pusestes:

– ⁸ as ovelhas, os bois, os rebanhos,
   todo o gado e as feras da mata;
– ⁹ passarinhos e peixes dos mares,
   todo ser que se move nas águas.

– ¹⁰ Ó Senhor nosso Deus, como é grande
   vosso nome por todo o universo!

SALMO 104(103)

– ¹ Bendize, ó minha alma, ao Senhor!
   Ó meu Deus e meu Senhor, como sois grande!
– De majestade e esplendor vos revestis,
   ² e de luz vos envolveis como num manto.

– Estendeis qual uma tenda o firmamento,
   ³ construís vosso palácio sobre as águas;
– das nuvens vós fazeis o vosso carro,
   do vento caminhais por sobre as asas;
– ⁴ dos ventos fazeis vossos mensageiros,
   do fogo e chama fazeis vossos servidores.

– ⁵ A terra vós firmastes em suas bases,
   ficará firme pelos séculos sem fim;
– ⁶ os mares a cobriam como um manto,
   e as águas envolviam as montanhas.

– ⁷ Ante a vossa ameaça elas fugiram,
   e tremeram ao ouvir vosso trovão;
– ⁸ saltaram montes e desceram pelos vales
   ao lugar que destinastes para elas;
– ⁹ elas não passam dos limites que fixastes
   e não voltam a cobrir de novo a terra.

– ¹⁰ Fazeis brotar em meio aos vales as nascentes,
   que passam serpeando entre as montanhas;
– ¹¹ dão de beber aos animais todos do campo,
   e os da selva nelas matam sua sede;
– ¹² às suas margens vêm morar os passarinhos,
   entre os ramos eles erguem o seu canto.

– ¹³ De vossa casa as montanhas irrigais,
  com vossos frutos saciais a terra inteira;
– ¹⁴ fazeis crescer os verdes pastos para o gado,
  e as plantas que são úteis para o homem;

– ¹⁵ para da terra extrair o seu sustento
  e o vinho que alegra o coração,
–   o óleo que ilumina a sua face
  e o pão que revigora as suas forças.

– ¹⁶ As árvores do Senhor são bem viçosas
  e os cedros que no Líbano plantou;
– ¹⁷ as aves ali fazem os seus ninhos
  e a cegonha faz a casa em suas copas;
– ¹⁸ os altos montes são refúgios dos cabritos,
  e os rochedos são abrigos das marmotas.

– ¹⁹ Para o tempo assinalar destes a lua,
  e o sol conhece a hora de se pôr;
– ²⁰ estendeis a escuridão e vem a noite,
  logo as feras andam soltas na floresta;
– ²¹ eis que rugem os leões, buscando a presa,
  e de Deus eles reclamam seu sustento.

– ²¹ Quando o sol vai despontando, se retiram
  e, de novo, vão deitar-se em suas tocas.
– ²³ Então o homem sai para o trabalho,
  para a labuta que se estende até à tarde.

– ²⁴ Quão numerosas, ó Senhor, são vossas obras,
  e que sabedoria em todas elas!
  Encheu-se a terra com as vossas criaturas!

= ²⁵ Eis o mar tão espaçoso e tão imenso,
  no qual se movem seres incontáveis,
  gigantescos animais e pequeninos;

= ²⁶ nele os navios vão seguindo as suas rotas,
e o monstro do oceano que criastes
nele vive e dentro dele se diverte.

– ²⁷ Todos eles, ó Senhor, de vós esperam
que a seu tempo vós lhes deis o alimento;
– ²⁸ vós lhes dais o que comer e eles recolhem,
vós abris a vossa mão e eles se fartam.

= ²⁹ Se escondeis a vossa face, se apavoram,
se tirais o seu respiro, eles perecem
e voltam para o pó de onde vieram;
– ³⁰ enviais o vosso espírito e renascem,
e da terra toda a face renovais.

– ³¹ Que a glória do Senhor perdure sempre,
e alegre-se o Senhor em suas obras!
– ³² Ele olha para a terra, ela estremece,
quando toca as montanhas, lançam fogo.

– ³³ Vou cantar ao Senhor Deus por toda a vida,
salmodiar para o meu Deus enquanto existo.
– ³⁴ Hoje seja-lhe agradável o meu canto,
pois o Senhor é a minha grande alegria!

– ³⁵ Desapareçam desta terra os pecadores,
e pereçam os perversos para sempre!
Bendize, ó minha alma, ao Senhor!

SALMO 139(138)

– ¹ Senhor, vós me sondais e conheceis,
  ² sabeis quando me sento ou me levanto;
– de longe penetrais meus pensamentos,
  ³ percebeis quando me deito e quando eu ando,
os meus caminhos vos são todos conhecidos.

– ⁴ A palavra nem chegou à minha língua,
  e já, Senhor, a conheceis inteiramente.
– ⁵ Por detrás e pela frente me envolveis;
  pusestes sobre mim a vossa mão.
– ⁶ Esta Verdade é por demais maravilhosa,
  é tão sublime que não posso compreendê-la.

– ⁷ Em que lugar me ocultarei de vosso espírito?
  E para onde fugirei de vossa face?
– ⁸ Se eu subir até os céus, ali estais;
  se eu descer até o abismo, estais presente.

– ⁹ Se a aurora me emprestar as suas asas,
  para eu voar e habitar no fim dos mares;
– ¹⁰ mesmo lá vai me guiar a vossa mão
  e segurar-me com firmeza a vossa destra.

– ¹¹ Se eu pensasse: "A escuridão venha esconder-me
  e que a luz ao meu redor se faça noite!"
– ¹² Mesmo as trevas para vós não são escuras,
  a própria noite resplandece como o dia,
  e a escuridão é tão brilhante como a luz.

– ¹³ Fostes vós que me formastes as entranhas,
  e no seio de minha mãe vós me tecestes.

– ¹⁴ Eu vos louvo e vos dou graças, ó Senhor,
porque de modo admirável me formastes!
Que prodígio e maravilha as vossas obras!

– ¹⁵ Até o mais íntimo, Senhor, me conheceis;
uma sequer de minhas fibras ignoráveis,
– quando eu era modelado ocultamente,
era formado nas entranhas subterrâneas.

– ¹⁶ Ainda informe, os vossos olhos me olharam,
e por vós foram previstos os meus dias;
– em vosso livro estavam todos anotados,
antes mesmo que um só deles existisse.

– ¹⁷ Quão insondáveis são os vossos pensamentos!
Incontável, ó Senhor, é o seu número!
– ¹⁸ Se eu os conto, serão mais que os grãos de areia;
se chego ao fim, ainda falta conhecer-vos.

– ¹⁹ Quisera, meu Deus, que exterminásseis os ímpios:
"Assassinos, afastai-vos de mim".
– ²⁰ Porque eles vos invocam para tramar intrigas,
cometendo perjúrio, como vossos inimigos.

– ²¹ Porventura não devo odiar, Senhor,
os que vos odeiam,
abominar os que se insurgem contra vós?
– ²² Odeio-os com ódio implacável
e eles se tornaram meus próprios inimigos.

– ²³ Senhor, sondai-me, conhecei meu coração,
examinai-me e provai meus pensamentos!
– ²⁴ Vede bem se não estou no mau caminho,
e conduzi-me no caminho para a vida!

SALMO 51(50)

– ³ Tende piedade, ó meu Deus, misericórdia!
  Na imensidão de vosso amor, purificai-me!
– ⁴ Do meu pecado, todo inteiro, me lavai,
  e apagai completamente a minha culpa!

– ⁵ Eu reconheço toda a minha iniquidade,
  o meu pecado está sempre à minha frente.
– ⁶ Foi contra vós, só contra vós, que eu pequei
  e pratiquei o que é mau aos vossos olhos!

– Mostrais assim quanto sois justo na sentença,
  e quanto é reto o julgamento que fazeis.
– ⁷ Vede, Senhor, que eu nasci na iniquidade,
  e em pecado minha mãe me concebeu.

– ⁸ Mas vós amais os corações que são sinceros,
  na intimidade me ensinais sabedoria.
– ⁹ Aspergi-me e serei puro do pecado,
  e mais branco do que neve ficarei.

– ¹⁰ Fazei-me ouvir cantos de festa e de alegria,
  e exultarão estes meus ossos que esmagastes.
– ¹¹ Desviai o vosso olhar dos meus pecados
  e apagai todas as minhas transgressões!

– ¹² Criai em mim um coração que seja puro,
  dai de novo um espírito decidido.
– ¹³ Ó Senhor, não me afasteis de vossa face,
  nem retireis de mim o vosso Santo Espírito!

– ¹⁴ Dai-me de novo a alegria de ser salvo,
  e confirmai-me com espírito generoso!

– ¹⁵ Ensinarei vosso caminho aos pecadores,
e para vós se voltarão os transviados.

– ¹⁶ Da morte como pena, libertai-me,
e minha língua exaltará vossa justiça!
– ¹⁷ Abri meus lábios, ó Senhor, para cantar,
e minha boca anunciará vosso louvor!

– ¹⁸ Pois não são de vosso agrado os sacrifícios,
e, se oferto um holocausto, o rejeitais:
– ¹⁹ Meu sacrifício é minha alma penitente,
não desprezeis um coração arrependido!

– ²⁰ Sede benigno com Sião, por vossa graça,
reconstruí Jerusalém e os seus muros!
– ²¹ E aceitareis o verdadeiro sacrifício,
os holocaustos e oblações em vosso altar!

SALMO 118(117)

– ¹ Dai graças ao Senhor, porque Ele é bom!
"Eterna é a sua misericórdia!"

– ² A casa de Israel agora o diga:
"Eterna é a sua misericórdia!"
– ³ A casa de Aarão agora o diga:
"Eterna é a sua misericórdia!"
– ⁴ Os que temem o Senhor agora o digam:
"Eterna é a sua misericórdia!"

– ⁵ Na minha angústia eu clamei pelo Senhor,
e o Senhor me atendeu e libertou!
– ⁶ O Senhor está comigo, nada temo;
o que pode contra mim um ser humano?
– ⁷ O Senhor está comigo, é o meu auxílio,
hei de ver meus inimigos humilhados.

– ⁸ "É melhor buscar refúgio no Senhor,
do que pôr no ser humano a esperança;
– ⁹ é melhor buscar refúgio no Senhor,
do que contar com os poderosos deste mundo!"

– ¹⁰ Povos pagãos me rodearam todos eles,
mas em nome do Senhor os derrotei;
– ¹¹ de todo lado todos eles me cercaram,
mas em nome do Senhor os derrotei;

= ¹² como um enxame de abelhas me atacaram,
como um fogo de espinhos me queimaram,
mas em nome do Senhor os derrotei.

– ¹³ Empurraram-me, tentando derrubar-me,
mas veio o Senhor em meu socorro
– ¹⁴ O Senhor é minha força e o meu canto,
e tornou-se para mim o Salvador.
– ¹⁵ "Clamores de alegria e de vitória
ressoem pelas tendas dos fiéis.

= A mão direita do Senhor fez maravilhas,
  ¹⁶ a mão direita do Senhor me levantou,
  a mão direita do Senhor fez maravilhas!"

– ¹⁷ Não morrerei, mas, ao contrário, viverei
  para cantar as grandes obras do Senhor!
– ¹⁸ O Senhor severamente me provou,
  mas não me abandonou às mãos da morte.

– ¹⁹ Abri-me vós, abri-me as portas da justiça,
  quero entrar para dar graças ao Senhor!
– ²⁰ "Sim, esta é a porta do Senhor,
  por ela só os justos entrarão!"
– ²¹ Dou-vos graças, ó Senhor, porque me ouvistes
  e vos tornastes para mim o Salvador!

– ²² "A pedra que os pedreiros rejeitaram,
  tornou-se agora a pedra angular.
– ²³ Pelo Senhor é que foi feito tudo isso:
  Que maravilhas Ele fez a nossos olhos!
– ²⁴ Este é o dia que o Senhor fez por nós,
  alegremo-nos e nele exultemos!

– ²⁵ Ó Senhor, dai-nos a vossa salvação,
  ó Senhor, dai-nos também prosperidade!"
– ²⁶ Bendito seja em nome do Senhor
  aquele que em seus átrios vai entrando!
– Desta casa do Senhor vos bendizemos
  ²⁷ Que o Senhor e nosso Deus nos ilumine!

– Empunhai ramos nas mãos, formai cortejo,
  aproximai-vos do altar, até bem perto!
– ²⁸ Vós sois meu Deus, eu vos bendigo e agradeço!
  Vós sois meu Deus, eu vos exalto com louvores
– ²⁹ Dai graças ao Senhor, porque ele é bom!
  "Eterna é a sua misericórdia!"

SALMO 90(89)

– ¹ Vós fostes um refúgio para nós,
  ó Senhor, de geração em geração.
= ² Já antes que as montanhas fossem feitas
  ou a terra e o mundo se formassem,
  desde sempre e para sempre vós sois Deus.

– ³ Vós fazeis voltar ao pó todo mortal,
  quando dizeis: "Voltai ao pó, filhos de Adão!"
– ⁴ Pois mil anos para vós são como ontem,
  qual vigília de uma noite que passou.

– ⁵ Eles passam como o sono da manhã,
  são iguais a erva verde pelos campos:
– ⁶ De manhã ela floresce vicejante,
  mas à tarde é cortada e fica seca.

– ⁷ Por vossa ira pereceremos realmente,
  vosso furor nos apavora e faz tremer;
– ⁸ pusestes nossa culpa à nossa frente,
  nossos segredos ao clarão de vossa face.

– ⁹ Em vossa ira se consomem nossos dias,
  como um sopro se acabam nossos anos.
– ¹⁰ Pode durar setenta anos nossa vida,
  os mais fortes talvez cheguem a oitenta;
–   a maior parte é ilusão e sofrimento:
  passam depressa e também nós assim passamos.

– ¹¹ Quem avalia o poder de vossa ira,
  e respeito e o temor que mereceis?

– [12] Ensinai-nos a contar os nossos dias,
   e dai ao nosso coração sabedoria!
– [13] Senhor, voltai-vos! Até quando tardareis?
   Tende piedade e compaixão de vossos servos!
– [14] Saciai-nos de manhã com vosso amor,
   e exultaremos de alegria todo o dia!

– [15] Alegrai-nos pelos dias que sofremos,
   pelos anos que passamos na desgraça!
– [16] Manifestai a vossa obra a vossos servos,
   e a seus filhos revelai a vossa glória!

– [17] Que a bondade do Senhor e nosso Deus
   repouse sobre nós e nos conduza!
–   Tornai fecundo, ó Senhor, nosso trabalho,
   fazei dar frutos o labor de nossas mãos!

SALMO 39(38)

– ² Disse comigo: "Vigiarei minhas palavras,
   a fim de não pecar com minha língua;
– haverei de pôr um freio em minha boca
   enquanto o ímpio estiver em minha frente".

= ³ Eu fiquei silencioso como um mudo,
   mas de nada me valeu o meu silêncio,
   pois minha dor recrudesceu ainda mais.
= ⁴ Meu coração se abrasou dentro de mim,
   um fogo se ateou ao pensar nisso,
   e minha língua então falou desabafando:

= ⁵ "Revelai-me, ó Senhor, qual o meu fim,
   qual é o número e a medida dos meus dias,
   para que eu veja quanto é frágil minha vida!
– ⁶ De poucos palmos vós fizestes os meus dias;
   perante vós a minha vida é quase nada.

– ⁷ O homem, mesmo em pé, é como um sopro,
   ele passa como a sombra que se esvai;
– ele se agita e se preocupa inutilmente,
   junta riquezas sem saber quem vai usá-las".

– ⁸ E agora, meu Senhor, que mais espero?
   Só em vós eu coloquei minha esperança!
– ⁹ De todo meu pecado libertai-me;
   não me entregueis às zombarias dos estultos

– ¹⁰ Calei-me e já não abro a minha boca,
   porque vós mesmo, ó Senhor, assim agistes.

- [11] Afastai longe de mim vossos flagelos;
 desfaleço ao rigor de vossa mão!
= [12] Punis o homem, corrigindo as suas faltas;
 como a traça, destruís sua beleza:
 todo homem não é mais do que um sopro.
= [13] Ó Senhor, prestai ouvido à minha prece,
 escutai-me quando grito por socorro,
 não fiqueis surdo aos lamentos do meu pranto!

– Sou um hóspede somente em vossa casa,
 um peregrino como todos os meus pais.
– [14] Desvia o vosso olhar, que eu tome alento,
 antes que parta e que deixe de existir!

SALMO 103(102)

– ¹ Bendize, ó minha alma, ao Senhor,
  e todo o meu ser, seu santo nome!
– ² Bendize, ó minha alma, ao Senhor,
  não te esqueças de nenhum de seus favores!

– ³ Pois ele te perdoa toda culpa,
  e cura toda a tua enfermidade;
– ⁴ da sepultura ele salva a tua vida
  e te cerca de carinho e compaixão;
– ⁵ de bens ele sacia tua vida,
  e te tornas sempre jovem como a águia!

– ⁶ O Senhor realiza obras de justiça
  e garante o direito aos oprimidos;
– ⁷ revelou os seus caminhos a Moisés,
  e aos filhos de Israel, seus grandes feitos.

– ⁸ O Senhor é indulgente, é favorável,
  é paciente, é bondoso e compassivo.
– ⁹ Não fica sempre repetindo as suas queixas,
  nem guarda eternamente o seu rancor.
– ¹⁰ Não nos trata como exigem nossas faltas,
  nem nos pune em proporção às nossas culpas.

– ¹¹ Quanto os céus por sobre a terra se elevam,
  tanto é grande o seu amor aos que o temem;
– ¹² quanto dista o nascente do poente,
  tanto afasta para longe nossos crimes.
– ¹³ Como um pai se compadece de seus filhos,
  O Senhor tem compaixão dos que o temem.

– ¹⁴ Porque sabe de que barro somos feitos,
  e se lembra que apenas somos pó.
– ¹⁵ Os dias do homem se parecem com a erva,
  ela floresce como a flor dos verdes campos;
– ¹⁶ mas apenas sopra o vento ela se esvai,
  já nem sabemos onde era o seu lugar.

– ¹⁷ Mas o amor do Senhor Deus por quem o teme
  é de sempre e perdura para sempre;
– e também sua justiça se estende
  por gerações até os filhos de seus filhos,
– ¹⁸ aos que guardam fielmente sua aliança
  e se lembram de cumprir os seus preceitos.

– ¹⁹ O Senhor pôs o seu trono lá nos céus,
  e abrange o mundo inteiro seu reinado.
= ²⁰ Bendizei ao Senhor Deus, seus anjos todos,
  valorosos que cumpris as suas ordens,
  sempre prontos para ouvir a sua voz!

– ²¹ Bendizei ao Senhor Deus, os seus poderes,
  seus ministros, que fazeis sua vontade!
= ²² Bendizei-o, obras todas do Senhor
  em toda parte onde se estende o seu reinado!
  Bendize, ó minha alma, ao Senhor!

SALMO 71(70)

– ¹ Eu procuro meu refúgio em vós, Senhor:
que eu não seja envergonhado para sempre!
– ² Porque sois justo, defendei-me e libertai-me!
Escutai a minha voz, vinde salvar-me!

– ³ Sede uma rocha protetora para mim,
um abrigo bem seguro que me salve!
– Porque sois a minha força e meu amparo,
o meu refúgio, proteção e segurança!

– ⁴ Libertai-me, ó meu Deus, das mãos do ímpio,
das garras do opressor e do malvado!
– ⁵ Porque sois, ó Senhor Deus, minha esperança,
em vós confio desde a minha juventude!

= ⁶ Sois meu apoio desde antes que eu nascesse,
desde o seio maternal, o meu amparo:
para vós o meu louvor eternamente!

– ⁷ Muita gente considera-me um prodígio,
mas sois vós o meu auxílio poderoso!
– ⁸ Vosso louvor é transbordante de meus lábios,
cantam eles vossa glória o dia inteiro.

– ⁹ Não me deixeis quando chegar minha velhice,
não me falteis quando faltarem minhas forças
– ¹⁰ Porque falam contra mim os inimigos,
fazem planos os que tramam minha morte
– ¹¹ e dizem: "Deus o abandonou, vamos matá-lo;
agarrai-o, pois não há quem o defenda!"

– ¹² Não fiqueis longe de mim, ó Senhor Deus!
Apressai-vos, ó meu Deus, em socorrer-me!

– ¹³ Que sejam humilhados e pereçam
   os que procuram destruir a minha vida!
– Sejam cobertos de infâmia e de vergonha
   os que desejam a desgraça para mim!

– ¹⁴ Eu, porém, sempre em vós confiarei,
   sempre mais aumentarei vosso louvor!
– ¹⁵ Minha boca anunciará todos os dias
   vossa justiça e vossas graças incontáveis.
– ¹⁶ Cantarei vossos portentos, ó Senhor,
   lembrarei vossa justiça sem igual!

– ¹⁷ Vós me ensinastes desde a minha juventude,
   e até hoje canto as vossas maravilhas.
– ¹⁸ E na velhice, com os meus cabelos brancos,
   eu vos suplico, ó Senhor, não me deixeis!

– ¹⁹ Ó meu Deus, vossa justiça e vossa força
   são tão grandes, vão além dos altos céus!
– Vós fizestes realmente maravilhas.
   Quem, Senhor, pode convosco comparar-se?

= ²⁰ Vós permitistes que eu sofresse grandes males,
   mas vireis restituir a minha vida
   e tirar-me dos abismos mais profundos.
– ²¹ Confortareis a minha idade avançada,
   e de novo me havereis de consolar.

– ²² Então, vos cantarei ao som da harpa,
   celebrando vosso amor sempre fiel;
– para louvar-vos tocarei a minha cítara,
   glorificando-vos, ó Santo de Israel!

– ²³ A alegria cantará sobre meus lábios,
   e a minha alma libertada exultará!
– ²⁴ Igualmente a minha língua todo o dia,
   cantando, exaltará vossa justiça!
– Pois ficaram confundidos e humilhados todos aqueles
   que tramavam contra mim.

SALMO 42(41)

– ² Assim como a corça suspira
   pelas águas correntes,
– suspira igualmente minh'alma
   por vós, ó meu Deus!

– ³ Minha alma tem sede de Deus
   e deseja o Deus vivo.
– Quando terei a alegria de ver
   a face de Deus?

– ⁴ O meu pranto é o meu alimento
   de dia e de noite,
– enquanto insistentes repetem:
   "Onde está o seu Deus?"

– ⁵ Recordo saudoso o tempo
   em que ia com o povo.
– Peregrino e feliz caminhando
   para a casa de Deus,
– entre gritos, louvor e alegria
   da multidão jubilosa.

– ⁶ Por que te entristeces, minh'alma,
   a gemer no meu peito?
– Espera em Deus! Louvarei novamente
   o meu Deus Salvador!

– ⁷ Minh'alma está agora abatida,
   e então penso em vós,
– do Jordão e das terras de Hermon
   e do Monte Misar.

- ⁸ Como o abismo atrai outro abismo,
    ao fragor das cascatas,
- vossas ondas e vossas torrentes
    sobre mim se lançaram.

- ⁹ Que o Senhor me conceda de dia
    sua graça benigna
- e de noite, cantando, eu bendigo
    ao meu Deus, minha vida.

- ¹⁰ Digo a Deus: "Vós que sois meu amparo,
    por que me esqueceis?
- Por que ando tão triste e abatido
    pela opressão do inimigo?"

- ¹¹ Os meus ossos se quebram de dor,
    ao insultar-me o inimigo;
- ao dizer cada dia de novo:
    "Onde está o teu Deus?"

- ¹² Por que te entristeces, minh'alma,
    a gemer no meu peito?
- Espera em Deus! Louvarei novamente
    o meu Deus Salvador!

* * *

- ¹ Fazei justiça, meu Deus, e defendei-me
    contra a gente impiedosa;
- do homem perverso e mentiroso
    libertai-me, ó Senhor!

- ² Sois vós o meu Deus e meu refúgio:
    por que me afastais?
- Por que ando tão triste e abatido
    pela opressão do inimigo?

– ³ Enviai vossa luz, vossa verdade:
  elas serão o meu guia;
– que me levem ao vosso Monte santo,
  até a vossa morada!

– ⁴ Então irei aos altares do Senhor,
  Deus da minha alegria.
– Vosso louvor cantarei, ao som da harpa,
  meu Senhor e meu Deus!

– ⁵ Por que te entristeces, minh'alma,
  a gemer no meu peito?
– Espera em Deus! Louvarei novamente
  o meu Deus Salvador!

SALMO 55(54)

– ² Ó meu Deus, escutai minha prece,
  não fujais desta minha oração!
– ³ Dignai-vos me ouvir, respondei-me:
  a angústia me faz delirar!

– ⁴ Ao clamor do inimigo estremeço,
  e ao grito dos ímpios eu tremo.
– Sobre mim muitos males derramam,
  contra mim furiosos investem.

– ⁵ Meu coração dentro em mim se angustia,
  e os terrores da morte me abatem;
– ⁶ o temor e o tremor me penetram,
  o pavor me envolve e deprime!

= ⁷ É por isso que eu digo na angústia:
  "Quem me dera ter asas de pomba
  e voar para achar um descanso!
– ⁸ Fugiria, então, para longe,
  e me iria esconder no deserto.

– ⁹ Acharia depressa um refúgio
  contra o vento, a procela, o tufão".
= ¹⁰ Ó Senhor, confundi as más línguas;
  dispersai-as, porque na cidade
  só se vê violência e discórdia!

= ¹¹ Dia e noite circundam seus muros,
  dentro dela há maldades e crimes,
  a injustiça, a opressão moram nela!

– ¹² Violência, imposturas e fraudes
  já não deixam suas ruas e praças.
– ¹³ Se o inimigo viesse insultar-me,
  poderia aceitar certamente;
– se contra mim investisse o inimigo,
  poderia, talvez, esconder-me.

– ¹⁴ Mas és tu, companheiro e amigo,
  tu, meu íntimo e meu familiar,
– ¹⁵ com quem tive agradável convívio
  com o povo, indo à casa de Deus!

– ¹⁶ A morte os surpreenda
  e desçam vivos para o abismo,
  pois no interior de suas casas só há iniquidade.

– ¹⁷ Eu, porém, clamo a Deus em meu pranto,
  e o Senhor me haverá de salvar!
– ¹⁸ Desde a tarde, a manhã, ao meio-dia,
  faço ouvir meu lamento e gemido.

– ¹⁹ O Senhor há de ouvir minha voz,
  libertando a minh'alma na paz,
– derrotando os meus agressores,
  porque muitos estão contra mim!

– ²⁰ Deus me ouve e haverá de humilhá-los,
  porque é Rei e Senhor desde sempre.
– Para os ímpios não há conversão,
  pois não temem a Deus, o Senhor.

– ²¹ Erguem a mão contra os próprios amigos,
  violando os seus compromissos;
– ²² sua boca está cheia de unção,
  mas o seu coração traz a guerra;

– suas palavras mais brandas que o óleo,
  na verdade, porém, são punhais.
– ²³ Lança sobre o Senhor teus cuidados,
  porque Ele há de ser teu sustento
– e jamais Ele irá permitir
  que o justo para sempre vacile!

– ²⁴ Vós, porém, ó Senhor, os lançais
  no abismo e na cova da morte.
– Assassinos e homens de fraude
  não verão a metade da vida.
– Quanto a mim, ó Senhor, ao contrário:
  ponho em vós toda a minha esperança!

SALMO 57(56)

– ² Piedade, Senhor, piedade,
  pois em vós se abriga a minh'alma!
– De vossas asas, à sombra, me achego,
  até que passe a tormenta, Senhor!

– ³ Lanço um grito ao Senhor Deus Altíssimo,
  a este Deus que me dá todo bem.
= ⁴ Que me envie do céu sua ajuda
  e confunda os meus opressores!
  Deus me envie sua graça e verdade!

– ⁵ Eu me encontro em meio a leões,
  que, famintos, devoram os homens;
– os seus dentes são lanças e flechas,
  suas línguas, espadas cortantes.

– ⁶ Elevai-vos, ó Deus, sobre os céus,
  vossa glória refulja na terra!

– ⁷ Prepararam um laço a meus pés,
  e assim oprimiram minh'alma;
– uma cova me abriram à frente,
  mas na mesma acabaram caindo.

– ⁸ Meu coração está pronto, meu Deus,
  está pronto o meu coração!
– Vou cantar e tocar para vós:
  ⁹ desperta, minh'alma, desperta!
– Despertem a harpa e a lira,
  e irei acordar a aurora!

– ¹⁰ Vou louvar-vos, Senhor, entre os povos,
dar-vos graças, por entre as nações!
– ¹¹ Vosso amor é mais alto que os céus,
mais que as nuvens a vossa verdade.

– ¹² Elevai-vos, ó Deus, sobre os céus,
vossa glória refulja na terra!

SALMO 69(68)

– ² Salvai-me, ó meu Deus, porque as águas
  até o meu pescoço já chegaram!
– ³ Na lama do abismo eu me afundo
  e não encontro um apoio para os pés.
– Nestas águas muito fundas vim cair,
  e as ondas já começam a cobrir-me!

– ⁴ À força de gritar, estou cansado;
  minha garganta já ficou enrouquecida.
– Os meus olhos já perderam sua luz,
  de tanto esperar pelo meu Deus!

– ⁵ Mais numerosos que os cabelos da cabeça,
  são aqueles que me odeiam sem motivo;
– meus inimigos são mais fortes do que eu
  e se voltam contra mim injustamente!

– Por acaso poderei restituir
  alguma coisa que dos outros não roubei?
– ⁶ Ó Senhor, vós conheceis minhas loucuras,
  e minha falta não se esconde a vossos olhos.

– ⁷ Por minha causa não deixeis desiludidos
  os que esperam em vós, Deus do universo!
– Que eu não seja a decepção e a vergonha
  dos que vos buscam, Senhor Deus de Israel!

– ⁸ Por vossa causa é que sofri tantos insultos,
  e o meu rosto se cobriu de confusão;
– ⁹ e eu me tornei como um estranho a meus irmãos,
  como estrangeiro para os filhos de minha mãe.

– ¹⁰ Pois meu zelo e meu amor por vossa casa
  me devoram como fogo abrasador;
– e os insultos de infiéis que vos ultrajam
  recaíram todos eles sobre mim!

– ¹¹ Se aflijo a minha alma com jejuns,
  fazem disso uma razão para insultar-me;
– ¹² se me visto com sinais de penitência,
  eles fazem zombaria e me escarnecem!
– ¹³ Falam de mim os que se assentam junto às portas,
  sou motivo de canções, até de bêbados!

– ¹⁴ Por isso elevo para vós minha oração,
  neste tempo favorável, Senhor Deus!
– Respondei-me pelo vosso imenso amor,
  pela vossa salvação que nunca falha!

= ¹⁵ Retirai-me deste lodo, pois me afundo!
  Libertai-me, ó Senhor, dos que me odeiam,
  e salvai-me destas águas tão profundas!
= ¹⁶ Que as águas turbulentas não me arrastem,
  não me devorem violentos turbilhões,
  nem a cova feche a boca sobre mim!

– ¹⁷ Senhor, ouvi-me, pois suave é vossa graça,
  ponde os olhos sobre mim com grande amor!
– ¹⁸ Não oculteis a vossa face ao vosso servo!
  Como eu sofro! Respondei-me bem depressa!
– ¹⁹ Aproximai-vos de minh'alma e libertai-me,
  apesar da multidão dos inimigos!

– ²⁰ Vós conheceis minha vergonha e meu opróbrio,
  minhas injúrias, minha grande humilhação;
  os que me afligem estão todos ante vós!
– ²¹ O insulto me partiu o coração;
  não suportei, desfaleci de tanta dor!

– Eu esperei que alguém de mim tivesse pena,
  mas foi em vão, pois a ninguém pude encontrar;
  procurei quem me aliviasse e não achei!
– ²² Deram-me fel como se fosse um alimento,
  em minha sede ofereceram-me vinagre!

– ²³ Que a mesa se lhes torne uma armadilha,
uma cilada para os comensais!
– ²⁴ Que seus olhos se anuviem e não vejam!
Fazei-lhes tremer os quadris sem cessar,
– ²⁵ descarregai sobre eles vosso furor!
Que os atinja o ardor de vossa ira!

– ²⁶ Que seu acampamento seja devastado,
e ninguém habite em suas tendas.
– ²⁷ Porque perseguem aquele que feristes,
e contam as chagas daquele que dilacerastes.

– ²⁸ Pagai-lhes os delitos, um por um!
Não tenham acesso à vossa justiça,
– ²⁹ mas sejam riscados do livro da vida
e não sejam inscritos com os justos!

– ³⁰ Pobre de mim, sou infeliz e sofredor!
Que vosso auxílio me levante, Senhor Deus!
– ³¹ Cantando eu louvarei o vosso nome
e agradecido exultarei de alegria!
– ³² Isto será mais agradável ao Senhor,
que o sacrifício de novilhos e de touros.

– ³³ Humildes, vede isto e alegrai-vos:
o vosso coração reviverá,
se procurardes o Senhor continuamente!

– ³⁴ Pois nosso Deus atende a prece dos seus pobres,
e não despreza o clamor de seus cativos.
– ³⁵ Que céus e terra glorifiquem o Senhor
com o mar e todo ser que neles vive!

= ³⁶ Sim, Deus virá e salvará Jerusalém,
reconstruindo as cidades de Judá,
onde os pobres morarão, sendo seus donos.
= ³⁷ A descendência de seus servos há de herdá-las,
e os que amam o santo nome do Senhor
dentro delas fixarão sua morada!

Conecte-se conosco:

- **f** facebook.com/editoravozes
- **@** @editoravozes
- **X** @editora_vozes
- **▶** youtube.com/editoravozes
- **☎** +55 24 2233-9033

www.vozes.com.br

Conheça nossas lojas:

www.livrariavozes.com.br

Belo Horizonte – Brasília – Campinas – Cuiabá – Curitiba
Fortaleza – Juiz de Fora – Petrópolis – Recife – São Paulo

EDITORA VOZES LTDA.
Rua Frei Luís, 100 – Centro – Cep 25689-900 – Petrópolis, RJ
Tel.: (24) 2233-9000 – E-mail: vendas@vozes.com.br